W9-CJY-141

CNV
Comunicación
no-verbal

Director de la colección:
ERNESTO GORE

Coordinación editorial:
DÉBORA FEELY

Diseño de tapa:
MVZ ARGENTINA

Fotografías del interior:
DANIELA NUÑEZ

Actores:
VERÓNICA HASSAN, JUAN PABLO ANUN, FLORENCIA WALGER

SERGIO RULICKI
MARTÍN CHERNY

CNV
Comunicación
no-verbal

Cómo la inteligencia emocional
se expresa a través de los gestos

GRANICA

BUENOS AIRES - MÉXICO - SANTIAGO - MONTEVIDEO

© 2007, 2008 *by* Ediciones Granica S.A.
Primera edición: marzo de 2007
Primera reimpresión: febrero de 2008

BUENOS AIRES   Ediciones Granica S.A.
Lavalle 1634 - 3º G
C1048AAN Buenos Aires, Argentina
Tel.: +5411-4374-1456
Fax: +5411-4373-0669
E-mail: granica.ar@granicaeditor.com

MÉXICO   Ediciones Granica México S.A. de C.V.
Cerrada 1º de Mayo 21
Col. Naucalpan Centro
53000 Naucalpan, México
Tel.: +5255-5360-1010
Fax: +5255-5360-1100
E-mail: granica.mx@granicaeditor.com

SANTIAGO   Ediciones Granica de Chile S.A.
San Francisco 116
Santiago, Chile
E-mail: granica.cl@granicaeditor.com

MONTEVIDEO   Ediciones Granica S.A.
Salto 1212
11200 Montevideo, Uruguay
Tel./Fax: +5982-410-4307
E-mail: granica.uy@granicaeditor.com

www.granica.com

I.S.B.N. 978-950-641-497-9

Hecho el depósito que marca la ley 11.723

Impreso en Argentina. *Printed in Argentina*

Rulicki, Sergio
  Comunicación no-verbal - CNV : cómo la inteligencia
emocional se expresa a través de los gestos / Sergio
Rulicki y Martín Cherny - 1a ed. 1a reimp. - Buenos
Aires : Granica, 2008.
  192 p. ; 22x15 cm.

  ISBN 978-950-641-497-9

  1. Comunicación. 2. Inteligencia Emocional. I.
Cherny, Martín II. Título
  CDD 302.222

ÍNDICE

PRIMERA PARTE
Qué es la CNV

CAPÍTULO 3
Expresión facial de las emociones

CAPÍTULO 4
Observación e interpretación de la CNV

SEGUNDA PARTE
Herramientas no-verbales de inteligencia emocional

CAPÍTULO 5
Dominancia, cooperación y servicialidad

CAPÍTULO 6
El apretón de manos

CAPÍTULO 7
La CNV de la empatía y la asertividad

PRIMERA PARTE
QUÉ ES LA CNV

PRIMERAS PALABRAS
ACERCA DE LA CNV

Los gestos, las posturas, las miradas, los tonos de voz y otros signos y señales no-verbales constituyen un lenguaje complementario al de las palabras, con el que nos comunicamos en forma constante. El conjunto de estos elementos –y también la disciplina que los estudia– reciben el nombre de comunicación no-verbal (CNV).

En cualquier encuentro y conversación la CNV expresa el complejo mundo afectivo compuesto por emociones, sentimientos y estados de ánimo. Refleja cómo se sienten las personas y también manifiesta la marcha de los procesos cognitivos relacionados con la atención, la memoria y la imaginación.

A través de los actos no-verbales se evidencian las valoraciones positivas o negativas que experimentamos hacia otras personas. Por otro lado, la CNV exterioriza las intenciones, como la sinceridad y el engaño; así como el estado biofísico, es decir, el cansancio o la vitalidad, la salud o la enfermedad.

Las investigaciones han demostrado que la CNV tiene más influencia que las palabras en las reacciones que nos provocamos mutuamente.[1] Sin embargo, le prestamos poca o ninguna atención, pues la CNV está relacionada con procesos inconscientes. Por esta razón, tiene un alto poder retórico sobre las mentes individuales, tanto como sobre la mente colectiva.

La CNV ocupa un lugar central en todos los tipos de interacción cara a cara, mientras que la ejecución precisa de movimientos, ademanes y emblemas específicos es fundamental para la adecuada representación de los rituales de la religión, la política y la comunicación masiva.

Las personas adoptan diferentes estilos de CNV, compuestos por patrones habituales de comportamiento gestual y postural, debido a su identidad colectiva y carácter individual.

Los estilos de CNV implican pautas culturales que establecen los códigos protocolares de las relaciones interpersonales en las actividades sociales y laborales de la vida cotidiana.

Por ejemplo, en la CNV se hallan codificadas las normas sociales que regulan las relaciones jerárquicas y las del trabajo en equipo. La habilidad en el manejo de la CNV constituye el fundamento tácito de la empatía y el comportamiento asertivo, el carisma, la persuasión y el liderazgo.

El estudio de la CNV es una ciencia que aporta nuevas ideas acerca de la comunicación humana. Tiene antecedentes en la obra de Charles Darwin, quien con su libro de 1872 *La expresión de las emociones en el hombre y los animales* inauguró la preocupación científica acerca del lenguaje del cuerpo.

---

1. Mehrabian, Albert: *Silent messages.* Wadsworth, Belmont, 1972. Ofrecidos en porcentajes, los datos obtenidos por Mehrabian asignan a la comunicación verbal una influencia en las reacciones emotivas durante las interacciones cara a cara, de sólo el 7%, mientras que a la comunicación no-verbal le corresponde el restante 93%, distribuido entre gestualidad (55%) y paralingüística (38%). Investigaciones realizadas por otros autores arrojan resultados diferentes, pero en el mismo sentido. Ray Birdwhistell (1979) dice que, probablemente, no más del 30 o el 35% del significado social derivado de una conversación se transmite por las palabras aisladas.

Desde mediados del siglo XX este campo comenzó a ser explorado sistemáticamente. A partir de entonces, las investigaciones empezaron a multiplicarse y a revelar dimensiones de la cultura y la comunicación que hasta entonces habían permanecido ignoradas.

¿Son aleatorios la mayoría de nuestros gestos y movimientos corporales, o poseen significados específicos que pueden ser decodificados? ¿Existen gestos universales, comunes a todo el género humano? ¿La CNV tiene influencias específicas sobre los resultados de una conversación? ¿Qué implicancias tienen los diferentes estilos de CNV en la comunicación intercultural, incluyendo la diplomacia y los negocios internacionales? ¿Hay gestos que delaten la mentira? ¿Es posible utilizar los descubrimientos realizados en esta esfera para mejorar la educación de los niños?

Estas y otras preguntas llevaron a los científicos a producir notables avances en la comprensión de las relaciones humanas, la resolución de conflictos y el desarrollo de novedosas aplicaciones para sus descubrimientos.

El adelanto más reciente atañe al área de la realidad virtual, la animación computarizada y la robótica, dado que la interacción con agentes humanos intangibles, robotes y personajes animados, resulta más creíble cuando representan fielmente los patrones de la CNV, sobre todo aquellos que expresan las emociones.

Este campo académico, que atrae un número creciente de investigadores y estudiantes, tiene la particularidad de despertar la curiosidad y la atención del público en general, y desde el inicio de su divulgación, en la década de 1970, la CNV ha alcanzado una amplia difusión en los países desarrollados, sobre todo en los Estados Unidos.

Actualmente, su dominio es una herramienta que abogados, vendedores, personal de atención al público, directores de empresa, gerentes, políticos, personal de seguridad, docentes y terapeutas –entre otros profesionales– aplican en sus prácticas cotidianas.

Incluso en los países de habla hispana, donde el estudio de la CNV es mucho menos conocido, aparecen cada vez más referencias al tema en notas periodísticas, anuncios comerciales y películas. Estas son señales de interés público e indicios de su creciente presencia en el imaginario colectivo.

Curiosamente, ha sido un científico argentino, el Dr. David Efron (hermano de la famosa periodista Paloma Efron, "Blackie"), quien en la década de 1940 inauguró los conceptos y métodos modernos de la CNV, con su tesis doctoral "Gesto, raza y cultura".[2]

La CNV es un campo interdisciplinario en el que confluyen la antropología, la psicología y la semiología. Nuestro enfoque sobre la CNV pone el énfasis en su aplicación al desarrollo de la empatía y la asertividad, como fundamentos naturales de la comunicación auténtica y persuasiva. También abordamos el manejo no-verbal de los juegos de poder en las actividades laborales y sociales cotidianas, y su relación con los tipos de carisma y liderazgo. Otro aspecto importante es la utilización de estrategias gestuales y posturales para la reducción del estrés.

Este libro es una síntesis del estado del arte en CNV, y contiene aportes originales. Se diferencia de obras similares por su marco antropológico basado en la teoría de la cultura, cuyo fundamento científico sustenta la validez y eficacia de las estrategias presentadas.

En las relaciones laborales y sociales existen protocolos constituidos por los códigos no-verbales más eficientes, que algunas personas manejan de manera espontánea, ya sea

---

2. El Dr. Efron llevó a cabo su investigación en los Estados Unidos bajo la dirección de una eminencia mundial, el Dr. Franz Boas, fundador de la antropología cultural norteamericana. Su objetivo fue demostrar el absurdo de las teorías raciales de la época, que vinculaban estilos de CNV con una supuesta superioridad o inferioridad genética.

porque están naturalmente dotadas, o porque tuvieron la oportunidad de aprenderlos. Para muchas otras personas, en cambio, el desconocimiento de estos códigos es una desventaja.

Al tomarlos en cuenta, la CNV integra en la mente un cuadro mucho más completo de nuestras interacciones. A través del conocimiento de estos códigos y sus significados, comenzamos a vernos a nosotros mismos y a los demás con un enfoque revelador.

La CNV favorece una percepción más lúcida y totalizadora de los procesos comunicativos y, por ende, de las relaciones humanas. Con la práctica, el conocimiento de la CNV se transforma en un tipo especial de inteligencia. Su empleo en la vida cotidiana acrecienta la capacidad de prestar atención y de reconocer lo que sucede más allá de las palabras. Gracias a ello podemos poner en escena las estrategias más adecuadas.

Esta "inteligencia no-verbal" es un tipo especial de inteligencia emocional, pues previene y resuelve conflictos que no pueden abordarse de ninguna otra manera, dado que su causa se encuentra en patrones no-verbales de comportamiento emocional inconsciente.

La comunicación verbal y la no-verbal tienen su propia y particular importancia; sin embargo, la comunicación verbal ha recibido mucha mayor atención y estudio científico. Este libro está dirigido a estimular y fortalecer la conciencia de que los comportamientos no-verbales desempeñan un papel crítico en el proceso total de la comunicación, y que su conocimiento y aplicación inteligente ayudan a comunicarse mejor.

CAPÍTULO 1

EL ROL DE LA CNV
EN LA CULTURA

La CNV y el inconsciente cultural

La primera conclusión a la que se llega cuando se comienza a estudiar la CNV es que se trata de procesos básicamente inconscientes. Una vez que alguien nos señala la existencia de los códigos no-verbales ocultos tras la abrumadora preeminencia de las palabras, nos sorprende descubrir que siempre han estado ahí.

Las razones para semejante obnubilación están fundamentadas, en primer lugar, en el hecho de que hablar con palabras define nuestra identidad como seres humanos, al diferenciarnos del resto de las especies y permitirnos operar sobre la realidad a través de conceptos y otras formas complejas de pensamiento simbólico. Nuestras propias capacidades lingüísticas nos han hecho olvidar que también hablamos con el cuerpo, como el resto de los animales.

Desde el nacimiento hasta los dos años de edad, la CNV es el principal canal de comunicación entre los niños y los adultos. Pero a partir del momento en que los infantes alcanzan suficiente eficiencia verbal, la capacidad natural para comprender el significado de las expresiones faciales, las gesticulaciones y las posturas se debilita.

De adultos, la mayoría de las veces no le prestamos ninguna atención a lo que los demás nos comunican con su lenguaje no-verbal, ni nos damos cuenta de lo que nosotros mismos estamos comunicando sin palabras. Sin embargo, las señales y los signos no-verbales son omnipresentes en nuestras actividades cotidianas.

Por ejemplo, cómo se debe comportar un niño según su sexo, en presencia de un adulto, entre otros de su edad o con niños mayores, cómo deben comportarse los adolescentes en relación con los adultos, los adultos con otros adultos, y todas las demás combinaciones posibles de edad y género entrañan protocolos no-verbales.

Los datos de la CNV están constituidos en gran medida por actos que han sido naturalizados por el velo de la costumbre, hábitos cotidianos tan comunes que no nos detenemos a considerarlos en forma consciente.

En este sentido, la investigación de la CNV se acerca al psicoanálisis, ya que esta práctica científica reconoce la importancia de aquellos elementos y detalles que habitualmente dejamos pasar como intrascendentes, y que sin embargo constituyen indicios de procesos fundamentales. La aplicación de este tipo de enfoque ha permitido descubrir la existencia del "inconsciente cultural", cuyo principal exponente es el antropólogo norteamericano Edward T. Hall.[1]

---

1. Edward T. Hall sostiene que el inconsciente cultural contiene componentes irracionales. Las fuerzas que causan un comportamiento colectivo irracional son tendencias del inconsciente cultural cuyo principal modo de expresión son patrones de CNV que estructuran nuestra forma de actuar y sentir. "El inconsciente cultural, como el inconsciente freudiano, controla las acciones humanas, y sólo puede ser comprendido a través de un esforzado proceso de detallado análisis" (Hall, 1981, 43). Como enfatiza a lo largo de toda su influyente e inspiradora obra, el estudio sistemático y riguroso de los patrones no-verbales puede echar luz sobre las complejas relaciones entre las representaciones simbólicas, la personalidad colectiva y los conflictos de cada sociedad.

Este concepto postula que así como existe un inconsciente individual y personal, también existen pautas, experiencias, traumas y patologías que pertenecen a las tradiciones culturales, y que sin haberlas razonado nunca, afectan a todos los miembros de un grupo. Esto quiere decir que muchos de nuestros conflictos no tienen su raíz en nuestra condición de sujetos individuales, sino en nuestra experiencia como integrantes de una cultura.

Teoría de la cultura

Cultura es el nombre que recibe el fenómeno humano más amplio que pueda concebirse. Es el conjunto de los denominadores comunes del comportamiento social e individual de todos los miembros de un grupo.

El concepto de cultura determina el punto de vista que distingue a la antropología de las demás ciencias. Históricamente, los antropólogos hemos enunciado diferentes formas de comprender la cultura, pero existe concordancia en que se trata de un complejo que incluye la integración de amplios niveles de análisis: político, económico, religioso, lingüístico y folclórico.

Nuestra visión considera a la cultura como un fenómeno cuya esencia es la comunicación. Tal enfoque permite descubrir y observar sistemáticamente no sólo los comportamientos verbales, sino también los no-verbales, como portadores de mensajes significativos. La cultura de la comunicación está constituida por patrones verbales y no-verbales que sirven de guía para relacionarnos.[2]

---

2. Hacia la década de 1960, surge la idea de que los seres humanos no podemos no comunicar. Somos partícipes de un sistema en el cual todo comportamiento emite información socialmente pertinente, tanto lo que hacemos como lo que no hacemos, tanto con palabras como con movimientos (Watzlawick, Beavin y Jackson, 1997). A partir de esta idea, los aspectos no-verbales pasan a

En su libro *Espíritu y naturaleza*, el biólogo y antropólogo Gregory Bateson narra una parábola que ilustra la índole comunicacional del núcleo esencial de la cultura. La acción transcurre en la década de 1950, durante la cual un científico dedicó todos sus esfuerzos a perfeccionar una gigantesca computadora con el objetivo de responder a una sola pregunta: "¿Cómo piensan los seres humanos?". La cargó con enciclopedias, libros de ciencia, arte y religión, y después de un largo procesamiento la computadora produjo una tarjeta perforada con la siguiente respuesta: "Déjame que te cuente una historia".

Lo que esta analogía intenta mostrarnos es que pensamos de manera narrativa, es decir, que la estructura básica del pensamiento humano posee la cualidad de un relato. Cada sociedad elabora su conocimiento de la realidad, del pasado y del presente, así como su proyección hacia el futuro, sobre la base de las historias más difundidas de su tradición. Por ejemplo, los textos sagrados de las religiones y los manuales escolares, y en la sociedad actual también las películas y series televisivas de mayor audiencia.

Los miembros de cada sociedad escuchamos los mismos relatos innumerables veces desde la infancia, y estos van configurando un mapa del mundo, es decir, construyen nuestras cosmologías, aquello en lo que creemos. Sobre esa trama de creencias se tejen, simultáneamente, nuestras identidades.[3]

Las culturas son diferentes entre sí porque cuentan historias diferentes, pero dentro de cada cultura, los individuos no reaccionan todos de la misma manera ante los contenidos narrativos y elaboran interpretaciones particulares.

---

ser parte de los estudios en Ciencias Sociales, y comienza a descubrirse su importancia.

3. El concepto de "mapa del mundo" ha sido desarrollado por el antropólogo norteamericano Clifford Geertz en su obra. Ver: *La interpretación de las culturas*, Gedisa, Buenos Aires, 1995.

De este modo, aunque en Occidente compartimos la tradición bíblica, hay creyentes, ateos y agnósticos. Similarmente, aunque compartimos la tradición científica, hay quienes se sienten atraídos por el estudio mientras que para otros resulta algo aburrido.

Sin embargo, cuando se analizan las historias que cada sociedad se cuenta a sí misma, se observa la existencia de comunes denominadores en sus estructuras. Todas las narrativas tienen como tema central el drama del individuo que siente el llamado a realizarse y alcanzar su propio crecimiento en términos de sabiduría, para contribuir a la evolución de su comunidad. Cada forma cultural de vida determina los medios a través de los que sus "héroes culturales" deben cumplir esta tarea y las pruebas que deberán superar en sus periplos.[4]

Pero vayamos más atrás en el tiempo y veamos cómo fue posible que los seres humanos llegásemos a tener cultura. En el origen del mecanismo de la evolución humana se encuentra el hecho de que hemos desarrollado el cerebro y la mente más que ninguna otra especie. En esta evolución hemos tenido que enfrentarnos a un problema similar al que sufren los discos rígidos de las computadoras cuando se agota su capacidad de almacenamiento. Edward T. Hall llamó a este problema "colapso informativo".[5]

La solución para seguir evolucionando, en un sentido que implicaba el procesamiento de cantidades siempre crecientes de información, fue la de convertir grandes bloques de datos y experiencia vital en símbolos.

Gracias a los símbolos, no es necesario conocer exactamente todos los detalles de un proceso o una historia. Basta con ver una cruz para que podamos representarnos grandes

---

4. Este concepto es ampliamente desarrollado por Joseph Campbell, en su libro *El héroe de las mil caras*, Fondo de Cultura Económica, México, 1997.
5. Edward T. Hall, *Beyond culture*, Anchor Books, New York, Hall, 1981.

bloques de la historia del cristianismo y del significado de la religión cristiana, o una estrella de David para que afloren en nuestras mentes ideas y nociones acerca del pueblo de Israel. Basta con ver los colores celeste y blanco para que recordemos la bandera argentina y podamos evocar el episodio de su creación a orillas del río Paraná. Cada símbolo es una representación cultural engarzada a una cadena de asociaciones grabadas en la mente gracias a los relatos compartidos.

Los símbolos son representaciones condensadas de significados importantes para un grupo, y en su conjunto abarcan la estructura total del cosmos, es decir, la concepción del mundo y el sentido de la vida. Enseñan los valores de la sociedad y son poderosos comunicadores de emociones y sentimientos que nos incitan a pensar y a actuar conforme a dichos valores. Además, todas las sociedades renuevan periódicamente su adhesión a una tradición a través de su calendario ritual, que en el pasado estaba compuesto fundamentalmente por las fiestas religiosas.[6]

En las sociedades modernas, el calendario ceremonial se ha ampliado con las fechas patrias correspondientes a la historia del surgimiento de las identidades nacionales. En el mundo globalizado, el carácter "sacro" de tales "rituales" se ha extendido a la organización de los grandes concursos deportivos internacionales, como la Copa Mundial de Fútbol, las carreras de F1 o los Juegos Olímpicos. Por otro lado, las actividades de la vida cotidiana, tales como los encuentros interpersonales, la higiene, la alimentación, el descanso, etc., también se hallan ritualizadas en una importante medida.

La antropología llama "proceso de enculturación" al conjunto de mecanismos sociales a través de los que el conocimiento de los símbolos y la práctica de ceremonias son

---

6. La concepción de la cultura como representación simbólica y dramática ha sido desarrollada por el antropólogo inglés Victor Turner. Ver: *La selva de los símbolos*. Siglo XXI, Buenos Aires, 1984.

incorporados al repertorio de los individuos. Este proceso se basa en el aprendizaje de ciertas historias que se repiten y se escenifican en el hogar, la escuela, el templo, la calle y los medios masivos de comunicación.

La relación entre la CNV y el proceso de enculturación reside en el condicionamiento emocional que resulta del control que ejerce la sociedad sobre los estados de ánimo de sus integrantes.

El proceso de enculturación, tanto en su aspecto de transmisión de contenidos simbólicos, como en el de su representación actuada, no sólo utiliza el lenguaje verbal, sino que tiene como instrumento fundamental la expresión de signos y señales no-verbales plenos de contenido emocional, de modo que los símbolos resultan asociados a un espectro específico de emociones que más tarde se convierten en sentimientos.

Los relatos y los rituales, que son los contenidos fundamentales de la cultura, portan una poderosa carga emocional que reciben no sólo del lenguaje verbal, sino también de los códigos del comportamiento no-verbal, tales como las expresiones faciales, los tonos de la voz, los tipos de mirada, el acercamiento o alejamiento corporal, etc.

De acuerdo con la actitud que los niños demuestren respecto de la asimilación de los contenidos de la cultura, los padres y maestros responden con aceptación o rechazo.

Si los niños dan señales de una buena adaptación, son recompensados con demostraciones verbales y no-verbales de amor, ternura y felicitación; es decir, palabras y actos que denotan sentimientos y emociones positivos, relacionados con las sensaciones físicas de placer o relajación. En cambio, si se muestran reticentes a actuar, hablar y pensar como se espera de ellos, se los castiga con demostraciones verbales y no-verbales de desprecio, frialdad y reproche; es decir, con sentimientos y emociones negativos, relacionados con el displacer y la tensión.

Los códigos afectivos de la CNV son uno de los medios a través del que se les enseña a los niños cómo ha de interpretarse cada situación social y cómo se ha de proceder en ella. De este modo, las creencias y las pautas culturales de comportamiento se funden con un registro emocional y valorativo muy temprano que será reforzado posteriormente infinidad de veces, a través del premio y el castigo afectivo.

Las emociones incorporadas durante el proceso de enculturación crean una barrera al pensamiento, y por lo tanto, son fundamentales para la continuidad de una tradición. Las culturas son básicamente conservadoras porque su razón de ser es perpetuarse a sí mismas.

En resumen, todas nuestras acciones, ideas y sentimientos –lo que debemos y no debemos hacer, la forma en que tenemos que hacerlo, lo que hay que pensar y lo que no, la forma de percibir, e incluso lo que podemos llegar a imaginar– están condicionados por la cultura.

Este condicionamiento, llamado proceso de enculturación, utiliza tanto la comunicación verbal como la CNV. El rol de la CNV en este mecanismo es por lo menos tan importante como el de las palabras.

Las culturas gobiernan la vida de sus miembros de manera mucho más profunda e inconsciente de lo que sospechamos, y en este sentido, decimos que existen códigos no-verbales ocultos en la comunicación cotidiana.

Desde este enfoque, la cultura es entendida como un conjunto integrado de sistemas de comunicación, en el que el lenguaje verbal y la CNV funcionan en forma interdependiente.

Funciones de la CNV

La comunicación es una actividad primordial de los seres humanos. Forma parte de las exigencias fundamentales de su existencia, tanto como la necesidad de alimentación, reproducción, abrigo e higiene. El complejo fenómeno de la comunicación humana abarca seis funciones sociales básicas en las que la CNV se combina con la comunicación verbal.

Intercambio informativo especial

Esta función de la comunicación se refiere a la transmisión e interpretación de informaciones especializadas vinculadas a campos técnicos. Idealmente, se cumple en casi su totalidad gracias al lenguaje verbal, oral y escrito. Sin embargo, dado que la CNV tiene un rol fundamental en las conversaciones cara a cara propias del trabajo en equipo, e incluso en la comunicación por medios electrónicos, como la videoconferencia, el intercambio de mensajes, por más técnicos que sean, resulta siempre afectado por la CNV.

Intercambio cotidiano

Esta función consiste en la transmisión de mensajes acerca de cuestiones de la vida diaria. Se cumple gracias a una combinación en proporciones similares de lenguaje verbal y no-verbal.

El protocolo de las relaciones sociales se expresa a través de la gran variedad de formas de tratamiento diferencial según el género y la edad. El tratamiento social de los géneros y la edad implica mantenerse a diferentes distancias según el caso, mirar en forma directa o evitar la mirada, y muchos otros comportamientos paralelos a las palabras.

A través de la decodificación de las señales y signos no-verbales interpretamos, en forma básicamente inconsciente, el estado de ánimo y el carácter de las personas con las que nos relacionamos.

Estudios específicos demuestran, por ejemplo, que la forma en que nos estrechamos las manos cumple un papel muy importante en las impresiones que nos formamos sobre las personas. En función de la CNV evaluamos mutuamente nuestras cualidades y tomamos decisiones, tales como otorgar o no nuestra confianza.

Otros estudios prueban la influencia que ejercen ciertos actos no-verbales específicos en la comunicación persuasiva, es decir, en convencer a los demás de pensar en una determinada dirección o realizar determinada acción. Esta influencia tiene lugar cotidianamente en el trabajo, la política, las relaciones familiares, la enseñanza escolar, la propaganda y en todo tipo de actividades.

Comparación de estatus

La información transmitida como parte de los procesos comunicativos entre los seres humanos implica la circulación de mensajes, conscientes e inconscientes, referidos al estatus que cada individuo tiene en la sociedad.

Las distintas sociedades difieren en la carga de estatus depositada en el género y la edad del individuo. En algunas sociedades el hecho de ser mujer coloca a la persona por debajo de cualquier sujeto masculino. Los niños reciben privilegios que pierden cuando crecen, y los ancianos pueden ocupar los cargos más elevados o ser excluidos de la vida laboral.

El prestigio personal es el aspecto del estatus social relacionado con la ubicación de una persona en la jerarquía de la organización a la que pertenece, y también con aspectos tales como la profesión, la religión, la ideología, e incluso el atractivo físico. El prestigio grupal es el estatus que otorga a un miembro de una organización el hecho de pertenecer a ella.

A pesar de que el lenguaje verbal tiene la capacidad de expresar esta función, consideramos que el lenguaje no-verbal alcanza preeminencia en los aspectos inconscientes de la comparación de estatus.

La CNV manifiesta los sistemas heredados de señales no-verbales –de origen biológico–, y también el resultado de la compleja evolución de los sistemas simbólicos de las culturas humanas.

En la naturaleza, la adopción de posturas que reducen el tamaño corporal tiene el sentido de apaciguar a un miembro más dominante de la propia especie. Su significado etológico es que uno de los contendientes se ha dado por vencido, lo cual activa en el vencedor la respuesta instintiva de no seguir atacando.

Merced a la evolución cultural, esta señal ha adquirido importantes significados sociales: bajar la cabeza, hundir el pecho y encoger los hombros constituyen gestos de reverencia ante figuras de autoridad, y representan el reconocimiento y la ratificación cotidiana del poder político, religioso, económico o familiar.

En la Edad Media, los vasallos debían arrodillarse y mantener la cabeza gacha ante la nobleza. En la actualidad, en presencia del rey de Tailandia los ministros deben sentarse en el suelo. El primer ministro de España inclina la cabeza ante el rey, y este lo hace ante el monarca saudita cuando le pide inversiones. En el trabajo, el empleado saluda con una inclinación de cabeza a su jefe.

Evaluación estética y sexual

La comunicación también implica actos de expresión y percepción de los indicadores corporales de atracción y rechazo. Estos actos tienen lugar de manera consciente e inconsciente, y forman parte de nuestra cotidianidad. Incluso en el mero contacto visual en lugares públicos entre desconocidos, se producen y perciben actos de este tipo.

Las personas más atractivas recibirán desde su infancia un patrón de miradas diferente de aquellas que resultan menos bellas para cada sociedad. Las personas con mayores atributos estéticos serán miradas con mayor atención, con más frecuencia y por períodos más prolongados, mientras que las menos afortunadas en este sentido recibirán menos miradas de interés. Así, las personas aprenden, desde temprana edad, cuál es el lugar que les corresponde en la escala socialmente establecida.

En lo referente a la evaluación sexual propiamente dicha, los jóvenes y adultos intercambiamos en forma constante patrones de comportamiento indicativos de disponibilidad o indisponibilidad. Algunas sociedades promueven la emisión de comportamientos que podemos llamar "atractores eróticos", tales como la exhibición selectiva de la desnudez, el uso de cosméticos, las poses provocativas, etc., mientras que otras sociedades intentan suprimir tales atractores.

El grado de inconsciencia en la evaluación estética y sexual es mayor que en las funciones anteriores, y concomitantemente, los comportamientos no-verbales son preeminentes en su cumplimiento.

La CNV es la parte más importante y decisiva del cortejo amoroso. Las señales no-verbales constituyen los principales indicadores de la mutua atracción. Entre estos signos y señales se encuentran las distintas formas de tocar y de besar, que diferencian el interés erótico de los sentimientos de parentesco y amistad.

Expresión mística

Los actos no-verbales son fundamentales en las prácticas religiosas. En los rituales devocionales existen muchos comportamientos posturales que simbolizan el poder de la divinidad, su aceptación y comunión: los cristianos se arrodillan, los judíos se balancean inclinando el torso y la cabeza, los musulmanes se sientan sobre los talones y agachan la cabeza y el torso, y los monjes tibetanos se acuestan boca abajo sobre el suelo.

La mayoría de los movimientos y gestos de los sacerdotes en el altar, que codifican una gran cantidad de significados, tienen la capacidad de evocar fuertes emociones y reafirmar así las creencias de los fieles.

El emblema de ruego que se realiza juntando las palmas con las puntas de los dedos hacia arriba es un gesto utilizado desde tiempos remotos por distintas religiones para la práctica de la oración. Ese mismo gesto, el saludo tradicional en la India, representa en ese país una combinación de protocolo social y actitud religiosa, característica de la cultura hindú, y significa el reconocimiento mutuo de la chispa divina que existe en el otro.

Expresión afectiva

Las emociones básicas se canalizan directamente a través de comportamientos corporales, cuyos códigos ya han quedado firmemente establecidos para las expresiones del rostro, como se verá en el Capítulo 3. Esta función depende de procesos involuntarios de origen adaptativo y está asociada a las demás a través de su combinación con los procesos cognitivos. Es la más importante, ya que es transversal a todas las demás, es decir, está presente en todas ellas.

La evolución cultural de la humanidad ha creado signos no-verbales para comunicar conglomerados afectivos como el amor y el odio. Los sentimientos de odio se manifiestan mediante gestos que demuestran intenciones agresivas como las "miradas fulminantes" y los puños crispados. El amor suele expresarse con frecuentes sonrisas de alegría.

CAPÍTULO 2

TAXONOMÍA DE LA CNV

Los cinco sistemas de la CNV

La CNV puede definirse como aquella comunicación que tiene lugar a través de canales distintos del lenguaje hablado o escrito. Los significados de las expresiones del rostro, de los ademanes y de las posturas son parte de la CNV, así como los significados de las miradas y las formas en las que se establece contacto físico.

A esto se suman el uso de símbolos –como los distintivos patrios, corporativos o religiosos– y los estilos de arreglo personal, como el tipo de peinado y la indumentaria.

También son parte de la CNV los patrones culturales en el uso del tiempo y la distribución del espacio.

Finalmente, la CNV se ocupa de un aspecto de la emisión verbal llamado paralenguaje, que abarca los cambios en el tono y el volumen de la voz, los silencios, el ritmo y otras variables de la enunciación verbal ligadas a la expresión emocional involuntaria.

Otro aspecto importante para la definición de la CNV es que la influencia inconsciente de las emociones y otros estados afectivos es mayor que en la comunicación verbal.

Un análisis del nombre "comunicación no-verbal" pone inmediatamente de relieve que se determina por lo negativo. Analicemos esto con mayor profundidad.

En un esfuerzo por evitar los escollos de una sola definición, algunos autores describen la CNV mediante una lista de las áreas que abarca, por ejemplo, las miradas, las expresiones faciales, la apariencia física, los gestos, las posturas, las distancias, la forma de vestir, los adornos corporales, etc.

A continuación proponemos una clasificación que reúne en un todo coherente las categorizaciones que se encuentran en la obra de distintos investigadores.

Sistema kinésico

En 1952, el antropólogo norteamericano Ray Birdwhistell escribió *Introduction to Kinesics*, uno de los primeros estudios modernos en CNV. El término griego *kínesis* significa "movimiento" y Birdwhistell lo tomó para acuñar el concepto de *kinesics*, que desde entonces designa el estudio del movimiento humano desde el punto de vista de su significado. Este científico exploró la posibilidad de que los movimientos corporales estén organizados en una estructura similar a la del lenguaje hablado.

Al estudiar filmaciones de conversaciones cotidianas, Birdwhistell descubrió que, así como el discurso puede separarse en distintos niveles de integración, tales como el sonoro, el de las palabras o el de las frases, el movimiento corporal puede ser desglosado en unidades similares.

La menor de ellas, el *kiné*, se encuentra en el límite de la posibilidad de percepción. Los movimientos mayores, que adquieren significado de acuerdo con la secuencia y el contexto en los que se manifiestan, son llamados *kinemas*.

Birdwhistell desarrolló un sistema de notación para describir estos niveles microexpresivos. El énfasis en una escala tan detallada puede parecer una empresa extraña, pero en la actualidad, este enfoque ha dado como resultado descubrimientos cuyas aplicaciones han trascendido los intereses puramente científicos.

Por ejemplo, el hallazgo de patrones constantes de cambios en la dirección de la mirada respecto del interlocutor, al final de cada frase, al hacer una pregunta o al introducir nueva información, tiene importancia fundamental en el diseño de filmes animados, ya que la reproducción exacta de dichos patrones sutiles es lo que hace que el comportamiento de los personajes dé una impresión de verosimilitud.

Los actos no-verbales que corresponden a la kinésica son muchos y muy variados, por eso se hace necesario subdividir este sistema en otros menores.

Subsistema gestual y postural

La conducta gestual comprende los movimientos fugaces de las expresiones faciales, de las manos, de brazos y piernas, del tronco, de la cabeza y del cuerpo en su conjunto. Las posturas son comportamientos no-verbales más estables en los que partes o el total del cuerpo adoptan una posición que puede durar minutos y hasta horas. Incluyen las formas de estar de pie, sentarse y caminar.

Los gestos transmiten información específica sobre los estados emotivos, cognitivos y valorativos experimentados. Por ejemplo, puede decirse que los gestos que realizamos con las cejas constituyen por sí mismos una parte considerable de la CNV en las interacciones cotidianas. Esto se debe a que las cejas están asociadas con las reacciones musculares que se producen debido al mecanismo de desencadenamiento involuntario de las emociones.

El acto de levantar y bajar rápidamente las cejas, llamado "flash", es común a todas las culturas y se utiliza inconscientemente como saludo y señal de reconocimiento amistoso, pero levantar una sola ceja es signo de incredulidad, escepticismo o sospecha, y suele expresar un matiz desafiante.

Dado que son tan importantes como vehículos de expresión emocional, la ausencia de movimientos de las cejas también es significativa. Puede ser señal de que la persona está ejerciendo un fuerte control de sus emociones debido a su deseo de no revelar información, o a su intención de concentrarse en la observación objetiva. Otra posibilidad es que la persona no se entusiasma ni se interesa por la situación en la que se encuentra, o que está deprimida.

Las posturas comunican la intensidad de la emoción y aportan datos sobre el estado afectivo genérico, es decir, si las personas se sienten bien o mal. Por ejemplo, según el caso, adelantar el torso puede indicar tanto receptividad como desafío, mientras que cruzar los brazos señala mala predisposición, o simplemente que se tiene frío.

También entra en la categoría de comportamiento gestual y postural la manipulación de objetos (lápices, papeles, vasos, ropa, aros, anillos, etc.), que se golpetean, desplazan o frotan, como una proyección metafórica del estado emocional, los pensamientos valorativos y las intenciones de quien realiza el acto. Por ejemplo, acariciarse la corbata es un gesto de seducción que realizan los hombres cuando se sienten atraídos por una mujer o cuando una situación les resulta excitante. Jugar con un anillo, introduciéndolo y sacándolo del dedo, es una típica respuesta femenina ante estímulos análogos.

Subsistema ocular

Mirar es una forma de tocar a distancia, de hacer sentir nuestra presencia a los demás, por eso decimos que mirar a los ojos de otra persona es establecer "contacto ocular".

La conducta ocular abarca los tipos de miradas y las maneras de sostenerlas. Informa sobre los procesos emotivo-cognitivos, valorativos e intencionales. La importancia que tiene en las relaciones interpersonales hace de esta categoría uno de los subsistemas más relevantes de la CNV. En su codificación intervienen factores tales como la duración, la dirección y la intensidad.

Una mirada sostenida con poco parpadeo es señal de inusitada atención, mientras que un aumento en la frecuencia del pestañeo señala un incremento del nerviosismo debido a la ansiedad, la confusión o la excitación. Un caso especial, que llamamos "bloqueo visual", se produce cuando en un encuentro cara a cara, los párpados se cierran durante un tiempo mayor a la fracción de segundo que caracteriza el pestañeo normal. De esta manera se establece una barrera de percepción que significa rechazo o desdén. Representa el resabio de una actitud infantil, que presupone que si uno no puede ver al otro, el otro tampoco podrá verlo.

Esquivar la mirada del otro puede indicar temor, vergüenza o culpa. Pero se debe ser muy cuidadoso en el diagnóstico del significado de este acto no-verbal, dado que también suele presentarse en personas tímidas, introspectivas o con un alto respeto por la autoridad. El acto de mirar de frente y sostener la mirada suele ser una señal de apertura a la experiencia. Puede manifestar simple curiosidad o un tipo de interés más comprometido, mientras que el desinterés es expresado por un patrón de miradas que vagan por el entorno de manera distraída.

Los distintos brillos que adquieren los ojos pueden traslucir, entre otras posibilidades, tristeza, ira, temor o la intención de llevar a cabo una acción con férrea voluntad.

El estudio científico de los comportamientos oculares desde la perspectiva de la CNV recibe el nombre de oculésica.

Subsistema de contacto

El contacto corporal implica un puente no sólo visual o auditivo sino también físico entre dos o más personas y transmite una fuerte carga emocional. La observación de las diferentes formas de contacto, de las partes del cuerpo que alguien toca o permite que le toquen, ofrece indicios acerca de la relación.

Por ejemplo, la cabeza y el rostro son partes del cuerpo que sólo permitimos que nos toquen personas de nuestra confianza más íntima. Si tocamos en esas zonas a una persona que no conocemos, lo más probable es que reaccione mal. La parte del cuerpo más segura para iniciar un contacto físico por primera vez con un desconocido es el antebrazo. En este caso, un contacto furtivo, dubitativo y fugaz revela temor al rechazo, mientras que uno seguro, aun siendo suave, transmite confianza.

Sistema proxémico

En 1959, el antropólogo Edward T. Hall publicó *The silent language*, donde introdujo el término "proxémica" para referirse al estudio de los patrones culturales que usamos para construir, manejar y percibir el espacio social y personal.

Hall concibe la comunicación humana desde el enfoque de la etología, es decir, como el comportamiento del "animal humano", para el cual la territorialidad es muy importante. La territorialidad es una manifestación instintiva a través de la que se declara la apropiación de determinado espacio, que se defiende contra los miembros de la misma especie y de especies competidoras.

Las relaciones entre el comportamiento humano y el espacio pueden observarse en la aplicación del concepto de territorialidad a las distancias que los miembros de diferentes culturas mantienen durante sus interacciones. Según Hall, en la cultura noreuropea-norteamericana, estas distancias presentan promedios muy estables.

Distancia o espacio de interacción pública: entre 3,5 y 7,5 metros. Un ejemplo es la distancia entre un conferenciante y la audiencia.

Distancia o espacio de interacción social: entre 1,2 y 3 metros. Es utilizada entre asociados comerciales, y entre desconocidos en espacios públicos.

Distancia o espacio de interacción personal: entre 0,6 y 1,2 metro. Se mantiene entre amigos y familiares.

Distancia o espacio de interacción íntima: hasta 0,6 metro. Incluye una alta probabilidad de contacto físico. Esta distancia denota un alto grado de familiaridad y afecto, pero en contextos competitivos, como las discusiones, suele preceder al desencadenamiento de acciones agresivas.

Para las culturas latinas, estas distancias son en promedio un tercio más cortas. En la comunicación entre personas que pertenecen a culturas con patrones proxémicos antagónicos aparecen conflictos inconscientes por el control del espacio. Por ejemplo, en una conversación entre dos desconocidos, uno perteneciente a una "cultura de contacto" –un árabe, un latinoamericano o un hindú– y otro perteneciente a una "cultura de distanciamiento" –como puede ser un sueco, un japonés o un norteamericano–, el primero buscará acercarse, mientras que el segundo se alejará, debido a que para cada uno de ellos rige una específica distancia de relacionamiento.

La distancia que en una cultura de contacto es adecuada para las relaciones públicas entre desconocidos, es considerada como una distancia personal e incluso íntima en una cultura de distanciamiento.

En un autobús de la India, es posible que una persona apoye la cabeza en el hombro de quien está sentado a su lado y se quede dormido, aun siendo un completo desconocido. En la cultura norteamericana, hasta mirar a un desconocido en forma demasiado directa es reprobable, pues es interpretado como una invasión a su espacio personal.

Hall también distingue dos diferentes efectos de la dimensión espacial sobre el comportamiento humano: el sociópeta y el sociófugo. El espacio sociópeta incrementa las posibilidades de que la gente establezca contacto y se comunique, mientras que el espacio sociófugo reduce la posibilidad de que se establezcan intercambios comunicativos.

Cualquier espacio puede ser sociópeto o sociófugo según la situación y el tipo de personas que se encuentren en él, pero los espacios sociófugos están más determinados por las cualidades físicas que los sociópetos. Un ejemplo de espacio sociófugo es la disposición habitual de los asientos en hospitales, aeropuertos y otros sitios de espera. Su configuración en hileras, fijas al suelo, dificulta girar el cuerpo hacia los lados y obliga a mirar hacia el frente. Esta condición proxémica reduce la posibilidad de comunicación entre sus circunstanciales ocupantes.

Los ascensores y los medios de transporte masivo de corta distancia actúan generalmente como espacios sociófugos, dado que la falta de espacio y la forzada proximidad que imponen son compensadas con la adopción de una postura rígida, que frena la interacción.

Los espacios sociópetos son más contextuales. Por ejemplo, los estudios han mostrado que la biblioteca de la universidad es uno de los espacios escogidos por los estudiantes norteamericanos para buscar pareja, dado que el silencio y la permanencia prolongada crean una excelente oportunidad para observarse cuidadosamente y decodificar las señales y signos no-verbales de interés.

La cafetería de la universidad es un espacio nétamente sociópeto, ya que favorece las posibilidades de establecer comunicación debido a la proximidad de las mesas y a la facilidad para encontrar temas en común con los demás concurrentes.

Otro fenómeno estudiado por la proxémica es la influencia de las alturas de los respaldos de los asientos, o del tamaño y forma de los escritorios, en el ánimo de las

personas que participan de reuniones de trabajo o nego-
ciaciones. Los respaldos de los sillones de los jefes son más
altos que los de las sillas que están frente a ellos porque
simbolizan autoridad y superioridad. Un escritorio grande que separa del otro tiende a marcar las jerarquías, mientras que una mesa redonda tiende a favorecer las relaciones de equipo.

Sistema cronémico

La cronémica es el aspecto de la CNV vinculado con las formas culturalmente establecidas de organizar el uso del tiempo, y tiene también a Edward T. Hall como su fundador,
quien considera dos tipos básicos de comportamiento cro-
némico: el monocrónico y el policrónico.

El monocrónico se caracteriza por un uso del tiempo
rígidamente segmentado en compartimentos horarios, que
son dedicados con exclusividad a un único tipo de actividad. El comportamiento policrónico, por el contrario, se
caracteriza por la utilización del tiempo en forma de con-
tinuo indiferenciado dedicado a actividades diversas, simultáneas y hasta antagónicas.

Como ejemplos de culturas monocrónicas pueden ci-
tarse la del norte europeo y la norteamericana, mientras
que las culturas latinas son policrónicas. En Argentina, una
persona es capaz de recibir una llamada telefónica, escuchar la radio, leer un fax o emitir una orden al mismo tiempo que atiende a un visitante.

La utilización del tiempo de manera monocrónica o po-
licrónica fundamentan inconscientemente nuestros juicios
de valor acerca de las personas que ejercen el hábito opues-
to. Así, los miembros de las culturas noreuropeas consideran a los latinos, los africanos y los árabes, como desorde-
nados aunque cálidos, mientras ellos son considerados por
estos como rígidos y fríos.

Sistema diacrítico

El comportamiento diacrítico es una forma simbólica de manifestar la identidad grupal e individual. Este tipo de conducta abarca los códigos del vestuario y del arreglo personal, e incluye, entre otros aspectos, el uso de distintivos religiosos o corporativos, el largo del pelo, el estilo de la indumentaria, el maquillaje, el uso de bijouterie o joyas, la marca del auto o el reloj, etc.

Todos ellos expresan la identidad de quien los pone en escena y emiten mensajes hacia los demás. A través de la observación de diacríticos y la interpretación de su simbolismo, se pueden conocer muchas características de la personalidad y el pensamiento de quienes los exhiben.

Por ejemplo, por el estado de los zapatos uno puede leer cómo se sienten las personas respecto de su situación económica. Cuando las personas tienen un retroceso, o están inseguras acerca de la evolución futura de sus finanzas, la elección de compra que más retrasan es la del calzado. Zapatos nuevos y caros transmiten una imagen de prosperidad, mientras que los zapatos gastados transmiten una imagen negativa. Existe una excepción, y es el caso de personas poderosas, en general mayores, que usan zapatos viejos por comodidad.

Sistema paralingüístico

En muchos casos no resulta fácil distinguir lo verbal de lo no-verbal. Las emisiones vocales tienen características que no pueden ser consideradas verbales en su naturaleza, ya que dependen de las emociones o intenciones del emisor más que del significado de las palabras enunciadas. Por ejemplo, el tono de voz se vuelve más agudo cuando las personas experimentan excitación o ansiedad, y más grave con la tristeza.

Además del tono, el comportamiento paralingüístico comprende el volumen de la voz, el ritmo, la dicción, el acento local, los énfasis y las pausas, los suspiros, los bostezos y también la frecuencia en la emisión de interjecciones.

En las señales no-verbales que se transmiten a través de las cualidades de la voz y en los cambios sutiles que se producen en la dicción, podemos "leer" las emociones de los emisores. El siguiente es un ejemplo de este tipo de lectura: una madre describe las actividades de su hijo adolescente: "...estudia, sale con amigos, va a baila**rrr**". El efecto producido por la acentuación y el arrastre de la "r" expresa su disgusto y su temor.

La clasificación que hemos realizado es de orden analítico. Hay que tener en cuenta que en la realidad todos los sistemas de la CNV se manifiestan dentro de un fenómeno unificado, que también incluye al contexto particular en el que tiene lugar la comunicación.

Cada sistema es tan amplio y complejo que necesitaría un libro específico. Los alcances de esta obra se concentran fundamentalmente en el kinésico. Haremos referencias al resto de los sistemas, pero el foco se mantendrá en los movimientos corporales, sobre todo en los gestos, las posturas y sus combinaciones.

Tipología genérica de actos no-verbales

Elaborar la taxonomía de un campo de estudio requiere concebir las categorías que permitan manejar los mayores volúmenes de información con el menor grado de contradicción interna. La CNV no es fácil de clasificar, debido a que su naturaleza presenta un tipo de complejidad especial que hace que las categorías se solapen continuamente.

La estructura elemental de la CNV varía según las situaciones sociales en las cuales se manifiesta, y se vuelve difícil encontrar modelos que abarquen la infinidad de contextos posibles. En otras palabras, los signos y señales que conforman los datos de la CNV cambian de categoría cuando varía el contexto en el cual se los observa. Para no estancarse en esta cuestión, los investigadores han optado por dejar algunas lagunas.

El artículo de Paul Ekman y Wallace Friesen *Origen, uso y codificación: bases para cinco categorías de conducta no-verbal,* es una referencia obligada para estudiar los grandes bloques en los que pueden agruparse los actos no-verbales que pertenecen a los cinco sistemas descritos antes. Este trabajo está basado en la obra del científico argentino David Efron, del cual los autores tomaron el esquema general y numerosos conceptos.[1]

Ekman y Friesen utilizan un marco analítico constituido por tres consideraciones generales: el origen, el uso y la codificación de los actos no-verbales.

Origen

Algunos comportamientos no-verbales están establecidos en el sistema nervioso de los seres humanos. Por ejemplo,

---

1. El Dr. Paul Ekman, reconocido como el investigador más importante e influyente de la CNV, dice en el prólogo a la edición en castellano del libro de Efron (1942/1970): "Los métodos de Efron fueron únicos para su época y son ejemplares para la nuestra. Rara vez se han utilizado tal diversidad de técnicas de investigación en un solo estudio del movimiento corporal. Lo que merece atención no es sólo el uso novedoso que hace Efron de los métodos cuantitativos en la investigación de campo, ni su fundamental descubrimiento sobre la influencia de la cultura en el gesto. Es posible que su contribución más importante a los problemas de investigación que muchos estudiosos enfrentan en la actualidad resida en sus distinciones teóricas entre clases de comportamiento no-verbal y en el hecho de que haya aislado unidades analíticas mensurables". David Efron nació en la Argentina en 1904 (Rosh Pina, Entre Ríos) y egresó

las expresiones faciales de las emociones básicas tienen su origen en programas neurológicos heredados.

Un segundo tipo de origen es el de los universales culturales. Estos actos no-verbales están relacionados con las constantes que existen en la experiencia vital de todos los grupos humanos, es decir, las experiencias comunes a todos los miembros de la especie. Por ejemplo, llevarse la mano a la boca es un gesto universal que significa comida o hambre, porque imita el movimiento, también universal, que hacemos para comer.

Un tercer origen es la evolución particular de cada cultura, en la que ciertos actos no-verbales adquieren significados específicos dentro de un marco simbólico constituido por los sistemas de creencias y los hábitos sociales. Por ejemplo, el acto de apoyar los pies sobre el escritorio, exponiendo las suelas a la mirada ajena, es común entre sujetos masculinos estadounidenses, pero en los países musulmanes constituye un insulto, ya que conlleva un mensaje de desprecio intencional, según la creencia de que aquello que está en contacto con la suciedad no debe exhibirse ante los demás. El protocolo de estas culturas exige que las personas sean cuidadosas al respecto.

En las culturas occidentales es considerado de malos modales echar el aliento sobre el rostro de aquellos con quienes conversamos, y se nos enseña a guardar una pru-

---

de la Facultad de Filosofía y Letras en 1928. Tras un corto paso como secretario del presidente M. T. de Alvear, emigró a Europa y luego a los Estados Unidos con el fin de continuar sus estudios de Ciencias Sociales, en las que obtuvo un Ph. D. de la Columbia University. Durante la presidencia de Roosevelt, trabajó para la Asociación Nacional de Planeamiento en Washington. Durante la Segunda Guerra Mundial, realizó gestiones encargadas por el Senado norteamericano ante varios presidentes sudamericanos para convencerlos de mantenerse ajenos a las posturas del Eje. En 1944 se incorporó a la Organización Internacional del Trabajo, donde ejerció cargos muy importantes. Falleció en Ginebra, en 1983.

dencial distancia. En cambio, en los países árabes, es la conducta no-verbal prescrita como señal de amistosa cortesía.

Uso

Un acto no-verbal puede utilizarse para repetir, destacar o ilustrar los mensajes orales. Pero también puede carecer de toda relación con las palabras, e incluso contradecirlas.

Al hablar realizamos gesticulaciones que se refieren a los objetos e ideas que mencionamos. Podemos señalar algo real o imaginario, y lo hacemos hasta cuando hablamos por teléfono y nuestro interlocutor no puede vernos. Con los gestos podemos describir la manera correcta de realizar una tarea o usar una herramienta.

Pero también podemos rascarnos si nos ha picado un insecto, estornudar, o cruzar los brazos a causa del frío, sin que estos actos estén relacionados de manera alguna con el contenido verbal de la conversación.

Codificación

La relación entre el acto no-verbal y lo que este significa puede ser icónica, es decir, parecerse de alguna manera a lo que denota, o arbitraria, es decir, no tener parecido alguno.

Muchos gestos representan metafóricamente aquello que significan y pueden estar codificados en forma metonímica, o sea, un gesto puede expresar algo mayor a través de la representación de un fragmento.

En algunos gestos la iconicidad es clara, por ejemplo en el de apuntar con el dedo en una dirección. En otros, la analogía queda velada por un proceso de desplazamiento; como el caso del beso, que es un resabio de la lactancia relacionado con el acto de mamar.

Este proceso de desplazamiento puede tener mayores niveles de complejidad, pues también estiramos inconscientemente los labios hacia adelante cuando estamos en presencia de algo que nos gusta o nos resulta estimulante. En Chile hemos observado este gesto, acompañado de una sonora aspiración, que funciona como representación paralingüística de una valoración altamente positiva.

Los actos no-verbales pueden clasificarse en cuatro tipos genéricos: emblemas, ilustradores, reguladores y adaptadores. Veamos a continuación la descripción de cada una de estas categorías y su ejemplificación, de acuerdo con una adaptación propia del modelo de Ekman y Friesen.

Emblemas

Los emblemas son aquellos actos no-verbales que presentan una correlación entre significado y significante equivalente a la del lenguaje hablado. El gesto de esgrimir el puño izquierdo representa una ideología política. Cruzar los dedos es emblema de suerte, o de precaverse contra la mala suerte. El signo de "OK" es un emblema que se ha difundido en todo el mundo. Las manos dibujan en el aire el contorno curvilíneo de una mujer para expresar atractivo físico.

El significado de un determinado emblema es compartido por todos los miembros de un grupo y es equivalente a una palabra o frase corta.

Un emblema puede representar un objeto, un deseo, un insulto, un concepto, una actividad y muchas cosas más. Los emblemas son los actos no-verbales realizados con mayor grado de conciencia y constituyen esfuerzos intencionales de comunicación. Las culturas difieren entre sí en cuanto al número de emblemas que forman parte de sus repertorios.[2]

Dado que los emblemas poseen un significado específi-

---

2. El lingüista uruguayo Giovanni Meo Zilio ha estudiado el lenguaje emblemático de la cultura argentina y uruguaya en su libro *El lenguaje de los gestos en el Río de la Plata* (1961). En él describe pormenorizadamente los rasgos

co, conocido por todos, constituyen la conducta no-verbal más fácilmente interpretable. Los emblemas son expresados principalmente a través de las manos y el rostro, aunque es posible realizar emblemas con cualquier parte del cuerpo.

La codificación icónica en la que un signo se refiere a un significante por analogía, es decir, que se asemeja en cierta manera a lo que significa, es la más utilizada en los emblemas, por eso muchos de los que forman parte de una cultura y no de otra pueden ser interpretados por los extranjeros. Pero los emblemas que no tienen el mismo significado en todas partes del mundo, e incluso son antagónicos, pueden dar lugar a confusiones y malentendidos.

El emblema que se realiza con la palma hacia arriba juntando la punta de los dedos, oscilando frente a la cara de otra persona, en Argentina significa un agresivo "¡¿Qué te pasa?!", pero en Israel una versión estática del mismo ademán significa "espere", y es muy fácil confundirlos.

En el choque cultural se comprueba el poder que existe en los gestos, y la forma inconsciente en que los decodificamos, ya que aunque podemos comprender que el

---

morfológicos de los gestos y sus significados, e incluye el rastreo histórico de sus antecedentes y orígenes culturales. Nos preguntamos si podría existir algún patrón de codificación, y en el caso de existir, cuáles serían sus posibles implicancias. Zilio confirma que la influencia preeminente en el estilo de comunicación gestual emblemática del Río de la Plata proviene de Italia, dado que la gran mayoría de los ejemplos registrados tienen o han tenido equivalentes en dicho país. El análisis de los significados arroja como resultado un patrón. Llama la atención la abundancia de metáforas de astucia, venganza, e indiferencia o alegría por el mal ajeno. Otro núcleo temático está relacionado con la sospecha y con la precaución ante la astucia ajena. También son importantes los emblemas de escepticismo, desentendimiento y huida. Este tipo de CNV emblemática no es exclusivo de la cultura rioplatense, ya que la mayoría de estos gestos tiene una larga historia en la cultura europea. La investigación de Zilio es, por lo tanto, una excelente fuente para analizar la relación entre el repertorio emblemático de nuestra cultura y el tipo de relaciones humanas predominantes en nuestro grupo cultural.

gesto israelí no tiene la connotación de confrontación, es común que los argentinos tengan una reacción emocional adversa, como respuesta a la suposición inconsciente de que el ademán en cuestión implica provocación o insulto.

Un buen ejercicio para comenzar a practicar la CNV es hacer un listado de emblemas vinculados con aquellas expresiones idiomáticas relacionadas con el lenguaje del cuerpo que codifican acciones, emociones y sentimientos.

Hay una enorme cantidad de ejemplos en los cuales estas relaciones están lexicalizadas, es decir, están presentes en el idioma verbal corriente. Por ejemplo, "es un estirado" resalta la actitud esnob de una persona, a través de un determinado comportamiento corporal, dado que el cuello erguido y el mentón elevado son signos de soberbia. La punta de la nariz llevada hacia arriba, dejando a la vista las fosas nasales, es un gesto de desprecio. En forma congruente, elevar la punta de la nariz con el dedo índice es un emblema de esnob, es decir, se utiliza para denotar que la persona a quien se está haciendo referencia tiene aires de grandeza.

Ilustradores

Estos actos no-verbales sirven para dar forma visual al discurso verbal. Resultan muy importantes en las comunicaciones cara a cara, o frente a un auditorio o una cámara.

Los ilustradores se aprenden por imitación, cuando el niño repite las conductas de aquellos con quienes se identifica y a quienes desea parecerse.

Los cursos para aprender a hablar en público suelen enseñar el empleo de ilustradores específicos. Este tipo de gestos puede volverse parte del repertorio consciente con facilidad.

La frecuencia del uso de los ilustradores varía considerablemente con la excitación o el entusiasmo. Mover las manos en forma circular, como una rueda que gira en dirección al público, es un gesto que se usa para marcar el ritmo de la propia enunciación, como una batuta.

La mano abierta con la palma hacia arriba moviéndose suavemente hacia delante es un gesto de ofrecimiento que se utiliza como ilustrador de que se está presentando una idea o un determinado argumento. Se trata de un ilustrador de explicación.

La palma abierta es un signo muy poderoso. Mostrar las palmas representa sinceridad. Si se curvan las puntas de los dedos hacia arriba se ilustra el discurso con el sentimiento de pasión. El ilustrador de pasión puede ser realizado con ambas manos.

Cuando se coloca la palma de la mano perpendicular al suelo, como si fuese la hoja de un hacha, y se hacen movimientos como si se cortara algo de un golpe, se está reforzando la idea de afirmación o negación tajante.

Formar un círculo con los dedos pulgar e índice, en un movimiento que semeja tomar algo con una pinza, es un ilustrador de precisión. Realizado con disimulo, es decir, como si se lo estuviese ocultando, en el lenguaje gestual de los argentinos significa tener un dato certero, saber algo que la mayoría no sabe. Su correlato verbal son las expresiones populares: "Te canto la justa" o "Tengo la precisa".

Señalar el corazón es un ilustrador de honestidad, de sinceridad, de que se habla, precisamente, desde el corazón.

Recordemos que la función de los ilustradores es reforzar el significado de las ideas que estamos expresando verbalmente.

Es interesante notar que algunos ilustradores pasan a convertirse en emblemas cuando adquieren cierto grado de formalización y estilización, y se difunden entre los miembros de un grupo. Por ejemplo, el ilustrador que se realiza colocando los dedos índice y pulgar en forma de "C", en la cultura argentina ha pasado a simbolizar el pedido de un pocillo, pues representa la medida de un café.

Reguladores

Los reguladores sirven para organizar el flujo de la conversación. Estos actos no-verbales reclaman, retienen, entregan o ceden los turnos del diálogo. Indican al interlocutor que continúe, repita, se apresure o preste atención. Comunican información necesaria para que el intercambio tenga lugar, es decir, proporcionan la estructura dentro de la que se desarrolla la conversación.

Los reguladores más comunes son los gestos de asentimiento y negación con la cabeza, equivalentes al "sí" y el "no" verbales. Otros reguladores son: el sostenimiento o la interrupción del contacto ocular, el dedo índice levantado a la altura de los ojos y el alzamiento de las cejas que desafían al otro para que dé una respuesta.

Casi todos los actos no-verbales cumplen la función reguladora en tanto influyen en la conducta del interlocutor. Con la excepción de personas entrenadas en CNV, su uso no es deliberado, sino involuntario y sobrentendido.

Adaptadores

La última categoría de actos no-verbales es la de adaptadores. Se los denomina de esa manera porque se aprenden como una forma de adaptación del individuo a su experiencia biológica y cultural.

Existen varias subcategorías: los adaptadores sociales son los actos no-verbales relacionados con los roles y el protocolo de las relaciones interpersonales; los adaptadores instrumentales incluyen los gestos y posturas relacionados con el manejo especializado de herramientas; los adaptadores de la subsistencia están relacionados con la manipulación del cuerpo en los actos de higiene, alimentación, descanso, erotismo y procreación; los adaptadores evolutivos son las manifestaciones corporales ligadas a la fisiología, tales como la transpiración, las lágrimas, las palpitaciones, el aumento del ritmo cardíaco, el enrojecimiento o palidez del rostro, y las expresiones faciales de las emociones básicas.

Adaptadores sociales

Estos actos no-verbales tienen su origen en los contactos interpersonales prototípicos, es decir, con progenitores, hermanos y otros familiares, así como con amigos, maestros, sacerdotes y otras figuras relevantes de la sociedad.

Son adaptadores sociales, por ejemplo, los saludos tales como dar la mano o hacer reverencias, los modales en la mesa, el respeto simbólico por las jerarquías, etc. También están relacionados con las normas sociales del cortejo amoroso.

A esta categoría corresponden las posturas indicadoras de las actitudes, tales como cruzar los brazos o sentarse en forma relajada, y los gestos que contienen un fuerte significado valorativo e intencional, por ejemplo, los distintos tipos de sonrisas y miradas.

Por último hay que mencionar las expresiones faciales encubridoras o fingidas que acontecen cuando una persona toma conciencia de que está manifestándose de manera contraria al protocolo, a la sensibilidad de quienes lo observan o a su conveniencia personal.

En estos casos, se produce la expresión de una emoción diferente de la que se acaba de experimentar, evaluada como más adecuada, que se superpone a la anterior como una máscara, pero sin hacerla desaparecer por completo.

Adaptadores instrumentales

Son actos no-verbales originalmente aprendidos para la realización de tareas tales como conducir un coche, tocar un instrumento musical o utilizar una herramienta. Estos actos suelen aprenderse más tardíamente que los anteriores y no están directamente asociados a la experiencia infantil.

Cuando la conversación incluye referencias a una actividad específica, muchos de estos movimientos y posiciones corporales son usados como ilustradores del discurso, fuera de los contextos propiamente instrumentales; por ejemplo, cuando alguien relata que estuvo arreglando un artefacto, puede ilustrar su narración con la mímica de ajustar una tuerca con una llave.

Los adaptadores instrumentales también pueden convertirse en emblemas: el movimiento oscilante de las manos que simulan tomar el volante de un vehículo representa la acción de manejar.

Algunos de estos adaptadores se utilizan como emblemas con significados desplazados de su sentido original: el movimiento de los brazos que se realiza al barrer, puede ejecutarse como un emblema del deseo de deshacerse de algo o de alguien.

El gesto de arremangarse es un adaptador instrumental que tiene por objeto resguardar las mangas de la camisa de la suciedad. Es la acción de prepararse para tomar una herramienta y disponerse a realizar una tarea. Por otro lado, se llama la atención sobre las manos y los antebrazos que simbolizan "fuerza de tracción". En contextos profesionales, no relacionados con el trabajo manual, se manifiesta como un emblema que significa: "Estoy listo para la acción" o "Pongámonos a trabajar". Este gesto asertivo puede aparecer en contextos de conquista amorosa, como expresión corporal metafórica de deseo.

Adaptadores de la subsistencia

Estos adaptadores son aprendidos en relación con el control de una multiplicidad de necesidades vinculadas con el cumplimiento de las funciones orgánicas, y se expresan a través de los hábitos culturales de alimentación (ej.: comer con la mano), de descanso (ej.: posturas para dormir), de mantenimiento de la higiene (ej.: movimientos de cepillado dental), de cuidado de la salud (ej.: movimientos de ejercitación corporal), de agresión y canalización de la tensión (ej.: patear, golpear, romper objetos) y de actividades eróticas (ej.: realizar el acto sexual).

La mayoría de estos adaptadores están minuciosamente controlados por el proceso educativo. Cuando un adulto utiliza un adaptador de subsistencia puede tener como finalidad la propia actividad adaptativa, como limpiarse una suciedad del ojo con la yema del dedo. Pero ocurre con frecuencia que un estímulo desencadena una reacción emocional de disgusto, y limpiarse el ojo se transforma en una representación analógica de esa sensación negativa.

Morderse el pulgar es un resabio de la postura que adoptan los bebés cuando se chupan el dedo en reemplazo del pecho materno, y tanto en adultos como en infantes es un gesto que hacemos en procura de seguridad ante percepciones hostiles y dudas cognitivas.

El pulgar es una parte del cuerpo en la que se deposita un fuerte caudal de condensación simbólica inconsciente: es un símbolo fálico, y los gestos que se realizan con él constituyen una metáfora del sentido del yo y de la autoestima. Por ejemplo, cuando las personas se sienten amenazadas o demasiado expuestas, ocultan el pulgar dentro del puño, canalizando inconscientemente la tensión psicológica. Este gesto representa el deseo de esconder el yo, de retraerse de la situación y apartarse de la interacción.

Adaptadores evolutivos

Este grupo está compuesto por la expresión facial de las emociones básicas que responde a mecanismos genéticos de desencadenamiento involuntario.

Durante más de cuarenta años, el Dr. Paul Ekman y sus colaboradores han realizado numerosos estudios, y reunido una abundante base de datos sobre las expresiones faciales y sus significados emocionales. Estos estudios utilizan estrictos métodos de laboratorio, como por ejemplo, la aplicación del miógrafo para realizar mediciones de la actividad muscular del rostro ante la percepción de estímulos capaces de desencadenar emociones intensas, tales como películas que muestran operaciones quirúrgicas o paisajes idílicos.

Ekman ha demostrado que las emociones básicas universales del género humano son siete: alegría, tristeza, miedo, enojo, asco, desprecio y sorpresa. Además, el autor sostiene que esta lista muy probablemente incluya: sosiego, contento, satisfacción, orgullo por un logro, placer sensorial, culpa, cohibición, vergüenza y excitación.[3]

Las emociones básicas se distinguen una de otra y de otros fenómenos afectivos por la presencia de señales corporales específicas que se deben a cambios fisiológicos automáticos.

Pueden presentarse en forma aislada, pero es normal que se expresen en forma conjunta dos o más de ellas, en cuyo caso se denominan fusiones emocionales. Por ejemplo, cuando una persona que goza con las películas de terror manifiesta en su rostro la fusión de las emociones de miedo y de placer.

La conciencia que tenemos de nuestras expresiones faciales fluctúa, y estas suelen manifestarse sin una intención deliberada de comunicar. La realimentación de nuestra conducta facial es habitualmente alta. El rostro recibe mayor atención visual que cualquier otra parte del cuerpo, y por eso es probable que hagamos comentarios sobre las expresiones faciales de los demás.

---

3. Fuente: Ekman, Paul: "Basic Emotions", en T. Dalgleish y M. Power (Eds.): *Handbook of Cognition and Emotion*, John Wiley & Sons, Ltd., Sussex, 1999.

Las conductas no-verbales pueden ser coherentes con la emoción expresada verbalmente o pueden contradecirla, ya que tenemos la capacidad de controlar, inhibir o disimular las expresiones emocionales. Estas se pueden actuar o posar, como en el teatro o la publicidad, o fingirse, como cuando se intenta mentir acerca de sentimientos o intenciones. En estos casos, serán diferentes de las espontáneas, a veces en forma muy notoria y otras, de manera sutil.

Las manifestaciones faciales universales de las siete emociones básicas antes enumeradas serán ejemplificadas en el capítulo siguiente.

Kinésica. Gesto de escepticismo. Elevar una ceja es señal de incredulidad, sospecha o desafío. Llevarla hacia arriba con el dedo es un acto inconsciente que se realiza cuando se oculta que no se cree lo que se escucha, o no se quiere evidenciar que no se comprende algo.

Oculésica. Gesto de hartazgo. Los globos oculares que giran hacia arriba dejando ver el blanco inferior son una señal de hartazgo. Este gesto suele ser precursor de un enfrentamiento o pelea. Los estudios han demostrado que es típico de las parejas que están por separarse.

Contacto. Gesto afiliativo. Palmear o tocar la zona de los omóplatos es un signo de simpatía, apoyo y cordialidad. Constituye un ademán que refuerza la unión de las personas que se consideran parte del mismo grupo. En las culturas latinas es habitual entre amigos y conocidos.

Proxémica. Distancia de interacción personal. Entre miembros de culturas latinas, esta distancia se considera apropiada entre compañeros. Pero para las culturas noreuropeas representa un grado de intimidad mucho mayor, pues la posibilidad de hacer contacto físico es elevada.

Cronémica. Gesto de impaciencia. Mirar repetidamente el reloj indica el deseo de que algo empiece o termine. A veces se realiza abiertamente, pero quien ejecuta este acto con movimientos rápidos y furtivos no desea que su nerviosismo o urgencia sean percibidos por los demás.

Diacrítico. Expresión patriótica. La exhibición de símbolos dice mucho acerca de lo que es importante para una persona. El uso de la escarapela en los días patrios es una costumbre, pero no todos la ejercen. Llevar diacríticos influye sobre los observadores y provoca respuestas de afinidad o rechazo.

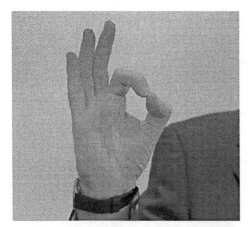

Emblema globalizado de "OK", "Todo está bien". Su origen es militar y comunicaba que no se habían producido bajas (O: *zero*, K: *killings*, "cero muertos"). En Japón es un emblema de "dinero", pues representa la forma redonda de una moneda. ción En el sur de Francia significa "cero" en el sentido de "carente de valor".

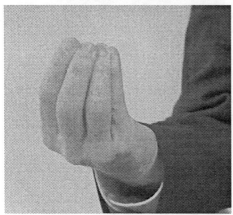

Emblema de confrontación. En distintos países, el mismo emblema puede tener diferentes significados y generar malentendidos en la comunicación intercultural. En Argentina este emblema significa "¡¿Qué te pasa?!". En Israel significa "Espere" y carece de sentido conflictivo.

Emblema de medida. El emblema argentino para pedir un café representa el tamaño de un pocillo y también puede interpretarse como la "C" de café. Cuando incluye la rotación de la muñeca sugiere conexión entre distintos elementos e ilustra la idea, necesidad o intención de tomar medidas de cambio.

59

Emblema de éxito. El emblema norteamericano *"thumbs up"* se ha internacionalizado. En las películas de Hollywood sobre la Antigua Roma, se utiliza para significar que se le otorga la vida a un gladiador. En realidad, el gesto verdadero se realizaba con el pulgar hacia adentro del puño.

Ilustrador de fuerza. En oratoria, el puño cerrado con el pulgar de costado se utiliza para reafirmar la idea de que se tiene la voluntad y la capacidad para llevar adelante una acción. Señala la necesidad de acción conjunta y la fuerza del grupo. El pulgar se ubica junto a los otros dedos.

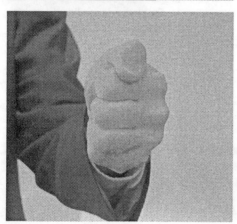

Ilustrador de poder. El puño cerrado con el pulgar encima refuerza la idea de que se tiene el poder efectivo para concretar lo que se declara verbalmente. Señala el poder del liderazgo e incita la subordinación a la autoridad. Metafóricamente, el pulgar se ubica sobre los otros dedos.

Ilustrador de corte. Refuerza la idea de que se han tomado o se tomarán medidas para terminar con una situación y comenzar un nuevo proceso. Este gesto reafirma que las decisiones enunciadas son definitivas. Es un gesto ejecutivo. Muestra liderazgo y carisma dominante.

Ilustrador de interconexión. La acción de entrelazar los dedos ilustra la interacción entre los conceptos enunciados. También representa la necesidad de integrar aspectos separados de una situación o problema. Refuerza la idea de que se ha llegado a un acuerdo o se ha formado una alianza.

Ilustrador de ritmo. El giro de las manos, como si fuesen ruedas, marca la cadencia de la enunciación y el desarrollo del discurso. Transmite compromiso con el tema y entusiasmo por comunicarlo. Favorece la fluidez verbal y ayuda a mantener la atención de la audiencia.

Ilustrador de precisión. El gesto de unir los dedos índice y pulgar formando un círculo o un óvalo expresa la idea de que se conoce un tema o se establece un punto con exactitud. Simboliza la utilización de una pinza, es decir, una acción que requiere una destreza muy específica.

Ilustrador de conclusión. El movimiento de unir los dedos con la palma hacia abajo ilustra la combinación de diferentes conceptos que introducen una nueva idea, o remarca que se está mencionando un punto importante, tal como una conclusión o un elemento fundamental.

Regulador del uso de la palabra. El emblema de "pare" es un claro indicador de que se está reclamando el turno en el diálogo. Algunas personas pueden abusar en la utilización de este regulador como una estrategia para no dejar hablar a los demás.

Regulador para captar la atención. Levantar el dedo índice a la altura de los ojos, o utilizar un objeto en esa posición, pide la atención completa de quienes escuchan y sostiene la posesión de la palabra. Es un buen recurso en una conversación, en la docencia o en cualquier otro acto oratorio.

Adaptador social de reconocimiento de estatus. Inclinar la cabeza simboliza el reconocimiento de la superioridad del otro. En términos del comportamiento animal, implica una reducción del tamaño corporal como señal de acatamiento y aceptación de la jerarquía establecida.

Adaptador de subsistencia. Canalización de emociones negativas. Morderse el pulgar, o llevarse uno o varios dedos a la boca son señales de tensión. Indican inseguridad, nerviosismo o duda. Es el resabio de un gesto infantil: los niños pequeños se chupan el pulgar para consolarse.

Adaptador evolutivo. Tristeza súbita. Pasarse el dedo por la comisura externa del ojo es un gesto adaptativo que cumple la función de secar una lágrima. Este acto se realiza en forma inconsciente sobre una lágrima inexistente ante un estímulo que provoca tristeza, aun en contextos globalmente positivos.

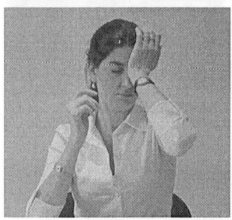

Adaptador de subsistencia. Cansancio o rechazo. El gesto de frotarse los ojos es una señal de agotamiento debido al cansancio físico o mental. En ciertos contextos puede representar el rechazo de algo que no se quiere ver porque cuesta aceptar y causa una molestia psicológica.

Adaptador de subsistencia. Rechazo. Pellizcar la piel del cuello, o empujar la nuez de Adán hacia abajo, como si se intentara desbloquear algo que tenemos atragantado, son actos que denotan fuertes sensaciones negativas. Esta expresión señala enojo y la represión de lo que se quisiera decir.

CAPÍTULO 3

EXPRESIÓN FACIAL DE LAS EMOCIONES

La herencia de Darwin

La importancia e influencia que ha tenido y sigue teniendo Charles Darwin en el desarrollo del pensamiento científico es un hecho reconocido. Su relevancia respecto de la CNV reside en que fue el primero en estudiar en forma comparada la expresión facial de las emociones.

En su obra *La expresión de las emociones en el hombre y los animales,* Darwin sostiene que la manifestación de ciertas emociones tiene una base hereditaria, relacionada con la selección natural, y por eso es compartida por numerosas especies. En este libro da cuenta de las expresiones emocionales de perros, gatos, caballos, monos, vacas, ovejas, venados, elefantes, conejos, hienas, jabalíes, canguros, pájaros, reptiles y anfibios. Para realizar comparaciones con la especie humana, Darwin estudió a los bebés, pues entendió que en ellos la expresión emocional no contiene condicionamientos culturales.

Siguiendo las intuiciones de Darwin, los estudios modernos han demostrado que, en una importante medida, la CNV es resultado de la evolución biológica. Los estudios contemporáneos de nuestros parientes evolutivos más cercanos, los simios, constituyen un tipo de investigación etológica que ha brindado apoyo a la idea de que ciertos aspectos del comportamiento afectivo de los seres humanos tienen una base genética.

Si bien existen diferencias, las similitudes encontradas entre la expresión facial y postural de los estados emocionales de los seres humanos y de los monos evidencian un desarrollo evolutivo común. Se han verificado claras analogías entre las manifestaciones faciales de la ira, la alegría y la tristeza, y modelos similares de movimientos de cabeza en rituales de saludo.[1]

Los estudios también han permitido comprobar que las expresiones faciales de las emociones de niños ciegos y sordos de nacimiento son casi idénticas a las de niños que no tienen estas limitaciones. Esta equivalencia morfológica constituye una verificación del origen genético de estas expresiones, debido a que los niños ciegos no pudieron haberlas aprendido por imitación.[2]

Universalidad y relativismo cultural

La cuestión de la universalidad y el relativismo cultural de la expresión facial de las emociones considera si estas manifestaciones son comunes a todas las culturas o si, por el contrario, son particulares de cada grupo humano.

Darwin también se interesó por la universalidad cultural de la expresión emocional para apoyar sus teorías innatistas. A través de la elaboración de una investigación esta-

---

1. Información ampliada sobre este punto puede encontrarse en Knapp, Mark L.: *La comunicación no-verbal. El cuerpo y el entorno.* Paidós Editores, México, 1997.
2. Fuente: Lorenz, Konrad: *La otra cara del espejo.* Plaza & Janes Editores, Barcelona, 1985.

dística reunió datos provenientes de distintas culturas, cuyo análisis le permitió verificar notables coincidencias.

Los estudios al respecto que florecieron durante los últimos treinta años han documentado de manera convincente la universalidad de la CNV facial para el conjunto de las emociones llamadas básicas, tal como hemos dicho, la alegría, la tristeza, el miedo, el asco, el enojo, el desprecio y la sorpresa.

Para estudiar esta cuestión, el Dr. Paul Ekman llevó a cabo estudios en varios países de Oriente y Occidente, y descubrió que los observadores reconocían las mismas emociones cuando se les mostraba un juego estándar de fotografías faciales. Para evitar el condicionamiento que se impone a través de los medios masivos de comunicación, exploró culturas de regiones aisladas de la isla de Borneo (Nueva Guinea).

Ekman encontró semejanzas en las expresiones faciales y su significado, tanto en culturas modernas como cazadoras-recolectoras, ya que respondieron en forma similar a rostros que manifestaban las emociones básicas. También descubrió que las expresiones de los estados afectivos más complejos, como el amor, el odio o la súplica, están determinadas culturalmente y deben aprenderse.[3]

Otro científico que realizó una investigación comparativa sobre las expresiones emocionales del ser humano es el etólogo austriaco Eibl-Eibesfeldt, quien estudió numerosos comportamientos sociales habituales, tales como los saludos, las disputas y el cortejo amoroso. El análisis de la proyección en cámara lenta de sus filmaciones hizo evidente que existían comportamientos idénticos entre los papúas de Nueva Guinea, los waikas del Alto Orinoco, los bosquimanos de

---

3. Fuente: Ekman, Paul: "Universals and cultural differences in facial expressions of emotion", en *Nebraska Simposium of Motivation*. University of Nebraska Press, Lincoln, Vol. 19, 1972.

Kalahari, los aborígenes australianos y los franceses, latinoamericanos y otros grupos occidentales.[4]

Se ha demostrado que los recién nacidos comienzan a revelar muy pronto patrones que imitan las expresiones del rostro de sus madres, y que existen diferencias de expresividad entre bebés pertenecientes a culturas distintas. Estos estudios prueban que lo innato comienza a ser afectado por los condicionamientos culturales inmediatamente después del nacimiento.[5]

La expresión de las emociones básicas está determinada por la herencia, es decir, por mecanismos genéticos de desencadenamiento involuntario, pero simultáneamente, cada cultura establece reglas de exhibición que condicionan lo que puede hacerse en los diversos ámbitos sociales.

Estas reglas que se aprenden durante la infancia adquieren especificidad debido a que, por un lado, ciertos entornos provocan emociones distintas en culturas diferentes, y por otro lado, la expresión emocional está regulada de manera tal que resulta promovida o inhibida. Estas normas estipulan cuándo se puede o se debe sentir tristeza y llorar, en presencia de quién está permitido o prohibido experimentar alegría y reír, hasta qué edad es lícito sufrir y demostrar los temores de la infancia, qué situaciones son capaces de avergonzar, etc. En otras palabras, las reglas de exhibición determinan que los diferentes contextos sociales sean considerados apropiados o inapropiados para la manifestación de cada emoción particular.[6]

Por ejemplo, las reglas de exhibición comunes en Bali (Indonesia) para los miembros de la religión hinduista dis-

---

4. Fuente: Knapp, Mark: *op. cit.*
5. Fuente: Schmidt, Karen y Cohn, Jeffrey: "Human facial expressions as adaptations: Evolutionary questions in facial expression research", en *Yearbook of Physical Anthropology*, New York, 2001.
6. Fuente: Ekman, P.: *op. cit.*

ponen que los asistentes a los funerales participen en procesiones en las que lo prescrito es cantar y bailar alegremente, mientras que en las sociedades occidentales, los funerales son considerados formalmente como situaciones en las cuales lo indicado son las expresiones de dolor y angustia, tales como el llanto y un rostro compungido o serio.

Estas diferencias de conducta están asociadas a los particulares sistemas de creencias de cada sociedad: en Bali se priorizan los sentimientos relacionados con el destino espiritual post-mortem, mientras en Occidente prevalecen los sentimientos vinculados con la ausencia irreparable del fallecido en la vida de los deudos.

Algunas investigaciones han permitido detectar importantes diferencias culturales en los modos de exhibir y percibir las emociones, y descubrir que estas juegan un papel clave en la comunicación intercultural. Estas diferencias constituyen una de las bases inconscientes del choque cultural, es decir, la manera en que miembros de distintas culturas comparan sus identidades y se juzgan mutuamente sobre la base de estereotipos.

Los anglosajones en general, y sobre todo los alemanes, tienen un estilo cultural de CNV que se caracteriza, entre otras señales, por una tasa más baja de movimientos faciales que la correspondiente a otros grupos. Los miembros de estas culturas aprenden desde la temprana infancia que manifestar abiertamente sus emociones no es adecuado, sino que el comportamiento social más valorado es aquel que demuestra un mayor control de la expresión emocional. Debido a que ofrecen menos signos externos de sus procesos emocionales que los latinos o los árabes, son considerados de "carácter frío". También se suele hablar del hermetismo de los japoneses, entre otros motivos, porque realizan menos movimientos faciales que los occidentales.

Las reglas de exhibición dictan el manejo de las expresiones faciales estableciendo patrones de intensidad, es decir, hasta dónde la experiencia y expresión de una emoción puede ser sentida y demostrada, sin transgredir el énfasis o la moderación socialmente esperados.

Sin embargo, también se ha podido verificar que los miembros de diferentes culturas concuerdan en sus presunciones acerca de la relación entre expresión y experiencia interna cuando juzgan a otros, es decir, concuerdan en las expectativas que tienen respecto de qué está sintiendo una persona cuando produce una determinada expresión. También están de acuerdo respecto de que existen diferencias en la expresión de las emociones que revelan la intensidad de la experiencia, y en el señalamiento de las configuraciones de rasgos que resultan más o menos expresivas.[7]

En resumen, los aspectos morfológicos característicos de la expresión facial de cada una de las emociones básicas identificadas hasta ahora no varían, pero sí los hechos sociales que característicamente provocan ciertas emociones, cuya intensidad puede ser muy diferente entre una cultura y otra.

Las reglas de exhibición también cambian dentro de cada cultura, según el género, la edad y el estatus de los individuos. Las reglas de exhibición son entonces pautas culturales para el control social de las emociones, constituidas por normas que regulan la expresión y la experiencia emocional a través de su autorización o inhibición socialmente establecida.

En conclusión, nuestros patrones de CNV son en parte heredados y en parte aprendidos. Por lo tanto, así como existen prototipos de expresiones faciales universales, también encontramos particularidades que responden al relativismo cultural.

---

7. Fuente: Ekman, Paul: "Facial expression and emotion", en *American Psychologist*, Vol. 48, N° 4, Washington, DC, abril 1993.

La naturaleza de las emociones desde el enfoque de la CNV

¿Qué son las emociones? ¿Cómo nos afectan? ¿Cómo podemos aprender a manejarlas? Las respuestas a estas interrogantes desde el enfoque de la CNV van a ayudarnos a desentrañar uno de los principales nudos de la madeja de la comunicación humana, cuyo hilo nos lleva hacia el conocimiento más profundo de nuestra esencia.

Las emociones que los seres humanos experimentamos ejercen una presión fisiológica y psicológica que es canalizada directamente a través de movimientos corporales. La necesidad de expresión corporal del ser humano nunca cesa: reaccionamos incluso ante las emociones que se desencadenan con los sueños y las expresamos con los movimientos de nuestros cuerpos dormidos. Los signos y señales no-verbales constituyen un lenguaje que hablamos con nuestros cuerpos y a través del cual expresamos nuestras emociones en forma constante.

Los estados emocionales expresan lo más básico de nuestra conciencia. Nuestra experiencia vital, nuestra capacidad de percepción y raciocinio están continuamente teñidas por el tono que les da nuestro estado emocional en cada instancia. Las emociones influyen en la manera como pensamos, en los recuerdos, la evaluación del presente y las expectativas.

Las diferentes emociones pueden distinguirse en positivas y negativas. El temor, el enojo, el asco, la tristeza y el desprecio son emociones negativas. La alegría, el orgullo por los logros y la satisfacción son emociones positivas. El eje para realizar esta división es una escala que va de lo placentero a lo displacentero.

Desde una perspectiva "aspiracional", la naturaleza de las emociones humanas también puede definirse en términos de su relación con el logro de metas.

En este enfoque, las emociones positivas están relacionadas con la conciencia de que una meta ha sido alcanzada. La emoción negativa de la tristeza es una reacción ante el fracaso en alcanzar o mantener una meta. La ira aflora cuando un agente causa la pérdida de una meta. En el miedo existe la suposición de fracaso ante el deseo de alcanzar una meta.[8]

De acuerdo con la mayoría de los teóricos del tema, las emociones son iniciadas por la percepción de un estímulo, que tras ser evaluado consciente e inconscientemente, desencadena un "programa afectivo". Este programa produce un conjunto coordinado de respuestas que incluyen la disposición para la acción y sus efectos asociados: cambios fisiológicos, expresiones faciales específicas y una sensación subjetiva particular.

Debido a que las emociones pueden despertar muy rápido, con poca conciencia y con cambios involuntarios en la fisiología y la expresión, a menudo las experimentamos como algo que nos viene de afuera, como algo que nos ocurre y que no podemos evitar. Sentimos que no podemos elegirlas libremente, sino que se nos imponen, muchas veces en contra de nuestro deseo y nuestra voluntad.

En 1884, William James, padre de la psicología en Norteamérica, sostenía que las emociones consisten en las manifestaciones corporales producidas por cambios fisiológicos genéticamente determinados que el organismo experimenta ante la percepción de diferentes hechos, como por ejemplo, el encuentro con un animal salvaje.

James se basa en el principio biológico de que el sistema nervioso de todos los seres vivientes contiene un conjunto heredado de predisposiciones para reaccionar de modos específicos al contacto con rasgos particulares del ambiente. Sobre la base de este principio, propone la hi-

---

8. Fuente: Stein N. L. y Trabasso T.: The organization of emotional experience: creating links among emotion, thinking and intentional action. *Journal of Cognition and Emotion*, 6, 225-244, Sussex, U.K., 1992.

pótesis de la identidad de las emociones con los cambios fisiológicos y las expresiones corporales.

James consideraba que los pensamientos que normalmente asociamos a las emociones no son la causa de estas, sino su consecuencia, o sea: ante la participación del sujeto en un suceso capaz de desencadenar emociones, se produce una reacción física que compromete al sistema nervioso autónomo, responsable de las funciones fisiológicas que resultan activadas. Sólo más tarde se originan los procesos cognitivos de reconocimiento y evaluación. En palabras de James:

"Nuestra manera natural de pensar acerca de estas emociones básicas es que la percepción de ciertos hechos excita la afección mental llamada emoción, y este posterior estado mental da lugar a la expresión corporal. Mi tesis, por el contrario, es que los cambios corporales siguen directamente la percepción del hecho excitante, y que nuestra sensación de los propios cambios al tiempo que ocurren es la emoción. (...) La hipótesis que yo defiendo aquí dice (...) que nos sentimos tristes porque lloramos, enojados porque atacamos, temerosos porque temblamos, y no que lloramos, atacamos o temblamos porque estamos tristes, enojados o temerosos. (...) Para nosotros, la emoción disociada de las sensaciones corporales es inconcebible. Cuanto más detalladamente realizo un escrutinio de mis propios estados, más persuadido estoy de que cualesquiera sean las emociones, afectos y pasiones que tenga, ellas están en su verdad más profunda, constituidas y compuestas por aquellos cambios corporales que cotidianamente llamamos su expresión o consecuencia". [9]

Para favorecer la comprensión de su visión de las emociones, James propone un ejercicio: imaginar una emoción intensa y tratar de abstraer de la conciencia todas las sensaciones y sentimientos que caracterizan a sus síntomas cor-

---

9. Fuente: James, William: *Principios de psicología*. Fondo de Cultura Económica, México, 1989.

porales. Afirma que no encontraremos ninguna clase de "textura mental" de la cual la emoción pueda estar constituida. En sus términos:

> "Qué clase de emoción de temor quedaría, sin que estuvieran presentes las sensaciones de taquicardia, respiración entrecortada, labios temblorosos y aflojamiento de las piernas, piel de gallina y espasmos viscerales, es imposible de pensar. Una emoción humana puramente descorporalizada es una no-entidad".[10]

De esta hipótesis surge una idea muy provocativa: si las emociones son cambios corporales específicos que se producen ante la presencia de hechos particulares, entonces la fabricación de aquellos cambios que pueden ser reproducidos voluntariamente, tales como las expresiones faciales y las posturas, tendrían el poder de inducir la experiencia completa de las emociones evocadas.

James sugiere que si queremos liberarnos de nuestras tendencias emocionales negativas, debemos practicar de la manera más asidua posible y con total determinación los movimientos y las expresiones corporales correspondientes a las emociones positivas que deseamos cultivar.

Para ello se vuelve imprescindible alcanzar un conocimiento cada vez más acabado de los constituyentes expresivos de cada estado emocional específico, y este es, precisamente, uno de los objetivos de la capacitación en CNV.

Emociones básicas y emociones autoconscientes

La principal corriente de investigación de la CNV se ha enfocado en las emociones con fuerte base biológica, compartidas con otros animales, identificables por medio de expresiones faciales específicas, reconocidas universalmente

---

10. Ídem anterior.

y nombradas por diferentes culturas con términos equivalentes. Desde tal punto de vista, los estudios se han concentrado en un pequeño grupo del vasto número de emociones representado en los lenguajes, principalmente aquellas denominadas básicas: alegría, tristeza, miedo, enojo, asco, desprecio y sorpresa.

Según el Dr. Paul Ekman, la función primordial de las emociones es movilizar el organismo para tratar rápidamente con las situaciones vitales fundamentales, tales como los encuentros interpersonales importantes, la muerte de una persona significativa, el peligro físico, etc., a través de actividades que fueron adaptativas en el pasado.

El sentido adaptativo de la ira es la lucha, dado que con la ira, la sangre fluye en mayor medida hacia las manos, y el sentido adaptativo del miedo es escapar de un predador, dado que durante el temor, la sangre fluye a los músculos que permiten correr.[11]

Existe también otro conjunto de emociones llamadas autoconscientes: vergüenza, culpa y orgullo. Estas difieren de las básicas porque necesitan la existencia de autorepresentaciones para su desencadenamiento, es decir, un bagaje de ideas que componen el concepto que la persona tiene de sí misma.

Para que las emociones autoconscientes se manifiesten, el individuo debe enfocar su atención sobre estas representaciones, es decir, debe reflexionar sobre sí mismo y generar una autoevaluación.

En otras palabras, las emociones autoconscientes de vergüenza, culpa y orgullo requieren procesos cognitivos más complejos que las básicas. Aunque estas últimas a menudo abarcan procesos cognitivos, también pueden ocurrir en ausencia de ellos.

---

11. Fuente: Ekman, Paul: "Basic emotions", en T. Dalgleish y M. Power (Eds.): *Handbook of cognition and emotion.* John Wiley & Sons, Ltd., Sussex, 1999.

Es importante aclarar que en la vida cotidiana de las sociedades contemporáneas, las oportunidades de sentir emociones básicas absolutamente libres de procesos cognitivos simultáneos son raras, dado que, por ejemplo, es más probable que sintamos miedo debido a nuestras especulaciones acerca de las intenciones ajenas, que ante la amenaza de ser atacados por un animal.

Las emociones básicas aparecen más tempranamente que las autoconscientes, dentro de los primeros nueve meses de vida; en cambio, sensaciones muy generales de autoconciencia sólo se desarrollan entre los dieciocho y los veinticuatro meses de edad, y las emociones autoconscientes como tales, más tarde aún, alrededor de los tres años.

Una explicación para este desarrollo posterior es que las emociones autoconscientes requieren una conciencia de sí capaz de generar una autorepresentación estable de la propia identidad. Esto quiere decir que los niños hayan llegado a un estado de madurez psíquica que les permita internalizar los estándares y las reglas particulares que determinan el comportamiento considerado correcto, y puedan comprender que su conducta va a ser evaluada en dichos términos por los demás, quienes los observan desde fuera.[12]

Las diferencias entre las emociones básicas y las autoconscientes incluyen también el hecho de que a las básicas corresponden expresiones faciales universalmente reconocidas, corroboradas extensivamente gracias a herramientas tales como el EM-FACS –*Emotion-Facial Action Coding System*–, desarrollado por el Dr. Ekman. Por el contrario, hasta ahora no se ha comprobado científicamente la co-

---

12. Las evaluaciones externas ("a mami no le gusta que derrame la leche") pueden ser internalizadas cuando el niño ha desarrollado su capacidad de autoconciencia y las transforma en autoevaluaciones estables ("cuando derramo la leche soy malo"), esenciales para que tengan lugar las emociones autoconscientes (Tracy y Robins, 2004).

rrespondencia entre expresiones faciales prototípicas y las emociones autoconscientes.

Las emociones evolucionaron para cumplir, a través de la selección natural, la función de promover la supervivencia física, pero el desarrollo de la cultura humana también ha impulsado la evolución de las emociones en el sentido de que estas cumplan funciones relativas a metas sociales, tales como llevarse bien con los demás y avanzar en la comunidad.

El miedo pude hacer que un individuo escape de un peligro, pero también el miedo al escarnio público puede hacer que un individuo se comporte de maneras socialmente aceptables, y así incrementar su habilidad para alcanzar determinadas metas. Por lo tanto, las emociones básicas tienen funciones sociales además de las de supervivencia. Las emociones autoconscientes, en cambio, parecen promover exclusivamente las metas sociales. El estado del conocimiento sugiere que la vergüenza ha evolucionado con propósitos de apaciguamiento; la culpa, con el de estimular las relaciones comunitarias; y el orgullo, con el de establecer el liderazgo.

Las siete emociones básicas y sus definiciones

Alegría: sensación dichosa de placer y bienestar.
Situación: ganar un premio importante en un sorteo.

Tristeza: sensación opresiva de pérdida o carencia que produce desánimo.
Situación: recordar a un familiar muy querido que ha fallecido recientemente.

Miedo: sensación de agitación causada por una percepción de peligro debida a riesgos físicos, morales, o a la presencia de dolor.

Situación: estar nadando en aguas abiertas y sentirse arrastrado lejos de la orilla por una corriente.

Enojo: sensación perturbadora que resulta de una ofensa, una torpeza propia o un obstáculo natural. Generalmente incluye el deseo de reaccionar agresivamente contra la causa de esta sensación.
Situación: ser acusado injustamente de un error o delito.

Asco: sensación de repugnancia debida a la percepción de un estímulo desagradable a los sentidos.
Situación: ver u oler un alimento en mal estado.

Desprecio: sensación de rechazo o desestimación hacia otra persona o cosa, por considerarla inferior, indigna o carente de valor.
Situación: oír música mal interpretada cuando se es melómano.

Sorpresa: sensación súbita e inesperada de asombro.
Situación: encontrarse repentinamente con alguien en un lugar imprevisible.

Las señales faciales de las emociones básicas

De acuerdo con Ekman, las expresiones de las emociones ofrecen información acerca de:

1. lo que está ocurriendo dentro de la persona (planes, memorias, cambios fisiológicos);
2. aquello que es más probable que haya ocurrido antes que se manifestara la emoción (antecedentes); y
3. aquello que tiene más probabilidades de ocurrir inmediatamente después (consecuencias inmediatas, intentos reguladores, formas de asumir la situación).

Las expresiones emocionales brindan información a miembros de la propia especie sobre qué está ocurriendo, qué lo provocó y cuáles son los cursos de acción más probables. Por ejemplo, cuando vemos a una persona con una expresión de asco, sabemos que está respondiendo a algo que resulta ofensivo a sus sentidos, literal o metafóricamente, y que posiblemente se aleje de la fuente de estimulación.

Las señales faciales son las configuraciones de rasgos característicos de cada emoción particular, producidas por los movimientos involuntarios de los músculos del rostro ante el desencadenamiento de las emociones. Son cruciales para el desarrollo y la regulación de las relaciones interpersonales; constituyen una parte importantísima del total de señales y signos presentes en cualquier conversación cara a cara; son fundamentales en la regulación de la agresión, es decir, en su aceleración o apaciguamiento, y tanto en la infancia como en la vida adulta, son parte de la formación de vínculos sociales duraderos.[13]

---

13. Fuente: Ekman, Paul: "Should we call it expression or communication", en Segal, N., Weisfeld, G. E. y Weisfeld, C.C. (Eds.): *Writing Psychology and Biology: Interactive Perspectives on Human Development*, American Psychological Association, Washington, DC, 1997.

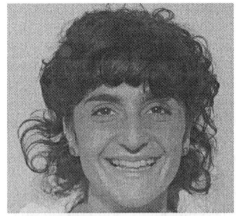

Alegría. Entre las miles de expresiones que puede producir el rostro, las sonrisas son las más representativas del género humano, pero estas pueden ser tanto espontáneas como deliberadas. Las sonrisas de auténtico disfrute se distinguen por la activación involuntaria de dos grupos musculares.

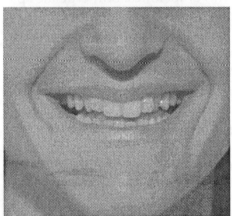

Alegría. Acción del zigomático mayor. En las sonrisas que expresan un auténtico estado de gozo la activación espontánea de este grupo muscular eleva ambas comisuras de la boca en forma simétrica. Esta característica permite distinguirlas de los distintos tipos de falsas sonrisas en las que las comisuras se estiran hacia los costados.

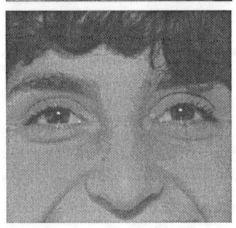

Alegría. Acción del *orbicularis occuli*. La activación espontánea de este grupo muscular forma arruguitas en las comisuras externas de los ojos ("patas de gallo"), cuya ausencia es señal de que las sonrisas son deliberadas. La acción combinada de ambos grupos musculares produce la contracción de los párpados inferiores y las mejillas.

Sonrisas intensas. La intensidad de la alegría y bienestar que se está experimentando es expresada por el grado de elevación de las comisuras y también por la exhibición de las encías. Cuanto más expuestas estén las encías, mayor será el nivel de las emociones positivas manifestado por las sonrisas.

Sonrisas sociales. Fabricamos sonrisas para mostrarles a los demás que tenemos buenas intenciones, y favorecer así las posibilidades de comunicación. Las usamos para dar la bienvenida, mostrarnos empáticos y alentar al interlocutor para que siga hablando. Las sonrisas también se utilizan como señal apaciguadora para prevenir conflictos.

Sonrisas amortiguadas. La forma de sonreír forma parte del protocolo social. Por ejemplo, cuando una persona siente el impulso de reírse debido a una torpeza ajena, puede reprimirse y producir una sonrisa contenida en la que los labios se aprietan con fuerza y la mirada adquiere un matiz de picardía.

81

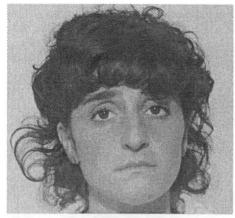

Tristeza. La expresión de esta emoción está caracterizada por las cejas levantadas en sus extremos internos y caídas del lado externo y por el labio inferior que sube un poco sobre el superior. Al mismo tiempo se produce la contracción del mentón y las comisuras de la boca son llevadas hacia abajo.

Sonrisas tristes. Este tipo de sonrisas combina las cejas en posición de tristeza con la elevación de las comisuras. Representa la intención de enmascarar sensaciones de carencia, sufrimiento y desánimo que son las que verdaderamente se están experimentando. Aunque no nos sintamos bien, a veces sonreímos para que los demás no se den cuenta.

Sonrisas melancólicas. No se trata de un enmascaramiento, ya que no intenta ocultar la tristeza. Puede deberse a la añoranza y es normal en las culturas de inmigración como las de Latinoamérica. Manifiestan un estado reflexivo. Suelen denotar resignación, o ser utilizadas como señal de empatía ante el dolor ajeno.

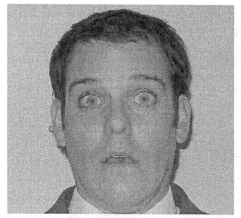

Temor. Las cejas se elevan rectas y tensas. La retracción de los párpados que caracteriza a las expresiones de miedo deja ver el blanco de los ojos por encima y por debajo del iris. El movimiento de las comisuras de la boca hacia los lados estira los labios, lo que puede producir que se entreabra la boca.

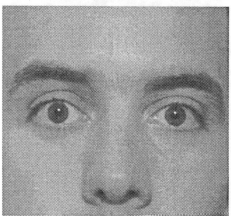

Expresión sutil de temor. Aunque el resto del rostro permanezca neutro, el esfuerzo por mantener las sensaciones de temor bajo control se expresa en una apertura de los párpados mayor a la normal, que aumenta la visibilidad del blanco de los ojos, y en el congelamiento de la mirada.

Sonrisas encubridoras del temor. En lugar de elevarse, las comisuras su mueven hacia los lados, y la boca se abre adquiriendo una forma rectangular debido al estiramiento de los labios, sobre todo el inferior. Faltan las arrugas alrededor de los ojos que caracterizan a la sonrisa de bienestar.

Desprecio. Esta expresión puede confundirse con una leve sonrisa, pero en realidad se trata de una mueca en la que las comisuras de los labios se aprietan de un solo lado de la cara y forman un pequeño pliegue. Para los miembros de la cultura argentina es la emoción más difícil de identificar.

Desprecio bilateral. Las expresiones de desprecio también pueden ser bilaterales, es decir, producirse en ambas comisuras. Es un gesto de desdén que puede estar relacionado con un desacuerdo fuerte o con una actitud escéptica. Cuando se ha aprendido a identificarla, su reconocimiento es inmediato.

Gozoso desprecio. El desprecio puede fusionarse con el disfrute. La sonrisa de gozoso desprecio es un gesto que suele estar relacionado con una actitud soberbia y un carácter arrogante y hostil. Quienes admiran el carisma dominante y agresivo evalúan esta expresión de manera positiva.

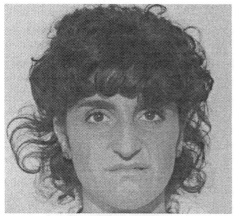

Asco. El rasgo principal es la acción de "fruncir la nariz" que forma arrugas a los costados y sobre el puente nasal. Cuando la emoción es intensa, la contracción de los músculos arrastra las cejas hacia abajo y contrae los párpados. En las interacciones sociales significa disgusto e implica desaprobación.

Sonrisas encubridoras del disgusto. Las sensaciones de asco y disgusto están asociadas con las de desprecio y suelen disimularse con sonrisas con las que se intenta encubrirlas. Sin embargo, a pesar de que la sonrisa pueda parecer genuina, se observa el fruncimiento de la nariz, a veces muy sutil.

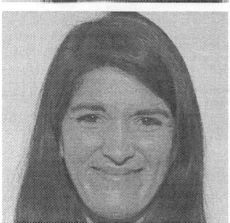

Sonrisas con mohín. Estas sonrisas fugaces generan arruguitas a ambos lados de la nariz y se acompañan de un entrecerramiento de los párpados. Se diferencian de las sonrisas de disgusto por la cualidad de la mirada que señala simpatía, complicidad o ternura. Suelen estar dirigidas a los niños.

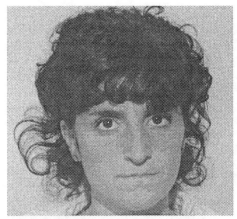

Enojo. Las expresiones relacionadas con la ira están caracterizadas por el acto de bajar las cejas en forma tensa. Los párpados también se tensan, la mirada se focaliza y los ojos brillan con intensidad. Los labios se aprietan fuertemente, lo que produce una disminución del área roja visible.

Impulsos agresivos. La mandíbula inferior echada hacia adelante, así como los dientes apretados, representan un nivel previo al desencadenamiento de la agresión. Cuando tenemos sensaciones de este tipo, y por urbanidad no podemos descargarlas, la tensión se acumula en los hombros y el cuello.

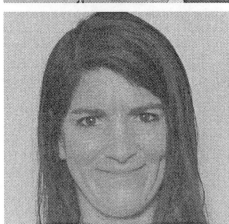

Sonrisas encubridoras del enojo. A menudo, las personas tratan de ocultar sus sensaciones de enojo con sonrisas. La clave para detectar el enojo está en observar si los labios se mantienen firmemente apretados. Cuando la persona disfruta de su ira estamos en presencia de una sonrisa de crueldad.

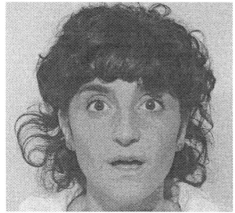

Sorpresa. La expresión de esta emoción, que algunos teóricos consideran un reflejo, está caracterizada por la elevación y arqueo de las cejas, los ojos muy abiertos y los párpados relajados. La boca se abre a causa de la caída del mentón que se produce con la relajación súbita de la mandíbula.

Sorpresa y alegría. La sorpresa puede fusionarse con las demás emociones. La sorpresa provocada por un hecho que también causa alegría se manifestará a través del alzamiento de las cejas unido a una genuina sonrisa de disfrute, en la que se elevan las comisuras y se contraen los párpados inferiores.

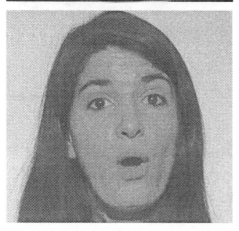

Sorpresa fingida. La elevación de las cejas se exagera, se mantiene demasiado tiempo o es demasiado leve. Suele faltar la apertura de los párpados mayor que la normal, de modo que la expresión resulta apática. La boca no se abre por relajación, sino que forma algo más parecido a un círculo.

CAPÍTULO 4

OBSERVACIÓN E INTERPRETACIÓN DE LA CNV

El lenguaje de la CNV

Los seres humanos utilizamos dos formas de comunicación que constituyen respectivamente los fundamentos del sistema verbal y del no-verbal: la comunicación lógica y la comunicación analógica.

La comunicación lógica emplea un cierto número de símbolos –las palabras–, cuyos significados arbitrarios responden a pautas precisas para la producción y la comprensión de los mensajes (semántica, gramática y sintaxis). En cambio, los mensajes analógicos, canalizados a través de los actos no-verbales, no se comprenden en función de reglas tan claras como las del lenguaje hablado y escrito, sino que se interpretan teniendo en cuenta su semejanza con aquello que denotan y en función del contexto en que se presentan.

En la CNV existe una relación de similitud entre los actos no-verbales y aquello a lo que se refieren. El principio de analogía establece una clase de relación entre signos y significados basada en la iconicidad, es decir, en la semejanza más o menos directa.

Una cualidad del lenguaje verbal es su capacidad para expresar conceptos abstractos, mientras que la comunicación analógica tiene mayor capacidad que las palabras para canalizar las emociones y los sentimientos, tanto cuando son conscientes como cuando son expresados inconscientemente.

Las expresiones coloquiales y literarias que relacionan las emociones con partes del cuerpo y acciones corporales son parte de una larga tradición en la que el cuerpo es utilizado como metáfora descriptiva o evocativa de las emociones y las actitudes.

Las frases "cuello estirado" o "nariz respingada" son metáforas de la soberbia y el desdén, al igual que "mirar por encima del hombro". "Darle vuelta la cara a alguien" equivale al rechazo. "Cara larga" es metáfora de enojo y mala predisposición. "Bajar la cabeza" se utiliza para señalar una actitud sumisa. "Encogerse de hombros" es una descripción verbal de no saber algo o del deseo de desentenderse de una situación.

"Con los brazos abiertos" alude a sentimientos cálidos. "Encarar, enfrentar", es decir, mirar de frente o a la cara a algo, un problema o a otra persona, son verbos que están instalados con el sentido de tener valor, audacia, decisión. El "pecho hundido" se relaciona con la pesadumbre y el dolor; "sacar pecho", con el orgullo y la valentía. "Cara de póker" es una metáfora que describe a alguien que nunca revela si tiene "una buena o una mala mano", que ha aprendido a controlar la expresión de su rostro de manera tal que no brinda información emocional.

Las miradas suelen calificarse con adjetivos que denotan la emoción subyacente. Así, pueden ser esquivas, atentas, ávidas, despectivas, compasivas, frías, pasionales, etc. "Mirar con el rabillo del ojo" se asocia con el recelo, la sospecha o las segundas intenciones.

"Apretar los dientes" es símbolo de furia contenida.

"Quedarse boquiabierto" se relaciona con una gran sorpresa o estupor, y una "sonrisa de oreja a oreja" es sinónimo de gran alegría y satisfacción.

También existen términos y frases que provienen de descripciones del comportamiento animal, como la metáfora aplicada a alguien que se aleja derrotado "con la cola entre las patas", es decir, curvando la columna como señal de sometimiento.

La lexicalización de la CNV constituye una buena fuente de información acerca del significado de las señales y signos que la componen.

Gesto, postura, actitud y estilo

¿Existe un lenguaje corporal, similar al verbal, con un significado específico asociado a movimientos determinados, o se trata de algo menos específico?

Los estados afectivos y cognitivos que los seres humanos experimentamos en forma constante son canalizados directamente a través de movimientos corporales. La CNV está constituida por los signos y señales de un lenguaje hablado con todo el cuerpo.

Un lenguaje es un sistema de signos que pueden ser decodificados, organizado de tal manera que la combinación de sus unidades produce nuevos significados. La CNV se manifiesta a través de un lenguaje constituido por expresiones corporales cuyas unidades básicas son los gestos.

Definimos como gesto a cualquier alteración en la posición de cualquier parte del cuerpo en un momento dado. Un rasgo característico del gesto es su fugacidad: dura sólo unos instantes. Cada persona tiene la capacidad de producir muchos miles de gestos relacionados con todo el espectro de emociones, valoraciones y procesos cognitivos de que es capaz el ser humano.

La definición de los gestos ha sido uno de los problemas más difíciles del estudio de la CNV, pues cualquiera de ellos compromete a todo el cuerpo. Un gesto es la figura que se dibuja sobre el fondo del resto del cuerpo.

Para comprender el lenguaje de la CNV, utilizaremos la secuencia de gesto, postura, actitud y estilo. Estas categorías permiten apreciar la relación de los comportamientos no-verbales con el grado de intensidad de los fenómenos afectivo-cognitivos que manifiestan.

Cuando un gesto se mantiene básicamente inalterado durante más de unos segundos, estamos en presencia de una postura. La intensidad emocional de una postura es normalmente mayor a la de un gesto.

Por ejemplo, si durante una conversación se despierta enojo en uno de los interlocutores, este manifestará gestos que denoten tal estado emocional: fruncir el ceño, cruzar los brazos, apretar el puño, etc. Pero si esta persona se mantiene enojada, lo que manifestará será una postura de enojo, es decir, sus gestos de enojo adoptarán formas más estáticas y estables. En lugar de fruncir el ceño y luego volver a alisarlo, lo conservará plegado la mayor parte del tiempo: habrá pasado, entonces, de un gesto de enojo a una postura enojada, porque la intensidad o la continuidad de su emoción es mayor.

La repetición de cierto tipo de gestos y posturas, aunque diferentes entre sí, genera una actitud.

Si una persona ha estado enojada durante toda una reunión, hablaremos de una actitud de enojo. El concepto de actitud define un comportamiento emocional más estable aún que el de postura, y por lo tanto, más intenso.

Si alguien manifiesta la misma actitud no-verbal en situaciones diferentes para definir su comportamiento utilizaremos el concepto de estilo. El estilo no-verbal de un individuo está representado por los gestos, posturas y actitudes predominantes en su comportamiento, es decir, los que se manifiestan con mayor frecuencia. Cada estilo está asociado a una gama específica de emociones, y también a un tipo especial de carisma, como veremos en el capítulo siguiente.

Al hacer abstracción de los sujetos individuales y considerar al conjunto de los miembros de un grupo, se puede corroborar la existencia de un estilo no-verbal común, es decir, de un estilo no-verbal cultural, que puede ser étnico, nacional, organizacional, etc.

El estilo no-verbal de una determinada cultura reside en el común denominador de los comportamientos no-verbales más habituales en su población, y se caracteriza por la gama específica de emociones y sentimientos que estos comportamientos representan.

Establecimos entonces una secuencia lógica de cuatro conceptos para analizar el comportamiento corporal y diagnosticar la intensidad de los estados emocionales asociados. Esta secuencia comienza con los gestos, que constituyen el comportamiento más fugaz, pasa a la postura, donde el comportamiento corporal se hace más estable, sigue con la actitud, o sea la preponderancia de un cierto tipo de posturas y gestos repetidos dentro de un contexto, y finaliza con el estilo, que implica el común denominador de las actitudes en situaciones diferentes.

El estilo de CNV de un determinado individuo representa el segmento predominante del espectro emocional que suele experimentar, es decir, el más frecuente desde el punto de vista de su manifestación.

El estilo de CNV de una sociedad entera o de sus organizaciones, tales como empresas, instituciones educativas, deportivas, etc., está compuesto por el común denominador del estilo de sus miembros.

En las organizaciones, el estilo no-verbal emerge de una tradición de selección de personal, a través de la cual son elegidos aquellos candidatos que encajan con el estilo preexistente, o son lo suficientemente maleables como para adaptar su propio estilo al de la organización.

Autopercepción y monitoreo

La autopercepción es la capacidad de prestar una "atención intencional" a lo que nos está pasando internamente. El monitoreo consiste en enfocar este tipo de atención sobre lo que está sucediendo en el ámbito en el que nos encontramos.

La atención intencional reside en llevar un registro mental de las propias sensaciones y pensamientos, en forma simultánea con el registro del desarrollo de los acontecimientos externos.

Pertenecemos a una tradición cultural en la que se nos ha inculcado que prestar atención es enfocarse en lo que alguien nos está diciendo o en las palabras impresas de un texto. Esta tradición es un verdadero obstáculo para comprender las situaciones y a nosotros mismos con una perspectiva integral que incluya nuestras emociones, juicios de valor e intenciones, cuyo canal natural de expresión no es el lenguaje verbal, sino el que hablamos con las expresiones gestuales y posturales.

La autopercepción y el monitoreo de la CNV ponen el énfasis del registro mental en los signos y señales emitidos por el rostro y el cuerpo, en lugar de centrarse exclusivamente en las palabras, como normalmente hacemos cuando estamos prestando atención. Significa darnos cuenta de que existe una dimensión de la comunicación que abarca no sólo lo que se está diciendo, sino también lo que los cuerpos hacen.

La autopercepción y el monitoreo no consideran sólo a las personas con las que se interactúa, sino también a uno mismo. En el trabajo, cuando interactuamos con clientes, con compañeros, con jefes o con subordinados, la autopercepción y el monitoreo de la CNV consisten en observar los gestos y las posturas, las actitudes y los estilos no-verbales, tanto ajenos como propios.

El objetivo es comprender más cabalmente lo que está sucediendo a través del lenguaje corporal. Cuanto más se conoce sobre el significado de los distintos gestos, más conciencia se adquiere sobre las verdaderas emociones, valoraciones, intenciones y procesos cognitivos que experimentamos. La conciencia de saber qué significan los signos y señales no-verbales ayuda a que ese registro se produzca de manera espontánea.

Cuando mantenemos una conversación, tenemos que estar atentos a las palabras, a los gestos y a las posturas de los demás, pero también tenemos que estar atentos a las reacciones de nuestros cuerpos. Sólo podemos observar objetivamente a los demás si llevamos a cabo el seguimiento de nuestro propio comportamiento.

Un concepto íntimamente relacionado con la atención intencional es el de "foco asertivo", que implica la utilización de estrategias para reducir los efectos obnubiladores del estrés. Según las palabras de Jagot, en su libro *El dominio de sí mismo*, lo que llamamos foco asertivo consiste en "aprender a controlar esos eclipses de la atención que motivan el atolondramiento o la inadvertencia".

Lo que dificulta nuestra capacidad de observarnos a nosotros mismos y de observar al otro es la tensión causada por emociones negativas de temor, enojo, tristeza o desprecio; y a veces también por las positivas, cuando nos dejamos llevar por la excitación que produce la alegría.

El foco asertivo se genera gracias a la práctica de la atención intencional, es decir, de estar atento a sí mismo y a los demás simultáneamente. Cuando se alcanza el estado psíquico de atención intencional, el cuerpo se comporta naturalmente de manera asertiva, de acuerdo con la personalidad de cada uno. Si se es capaz de producir esa conciencia libre de inquietud, libre del vaivén psíquico que provocan las emociones, el foco asertivo se mantiene por sí solo.

En resumen, la conciencia de la CNV depende del grado de autopercepción de la persona en el momento en que actúa y del monitoreo, es decir, del reconocimiento evaluativo de los actos de los individuos y de las diferentes facetas del contexto, como el protocolo en los modales y los atuendos, la decoración del ambiente, etc.

Para la mayoría de las personas, el estado de desarrollo cultural de las sociedades modernas establece un desequilibrio respecto de su capacidad para la autopercepción y el monitoreo, ya que no existe una tradición educativa que estimule el desarrollo de lo que hemos denominado atención intencional. Sin embargo, esta situación puede subsanarse gracias al estudio y la práctica de la CNV.

El control de los propios gestos, que se logra reformando nuestro comportamiento no-verbal habitual a través de la incorporación de un repertorio más amplio, ayuda a reducir la ansiedad que provoca la comunicación interpersonal, y consecuentemente, incrementa la capacidad de autopercepción y de monitoreo.

Comportamiento no-verbal estratégico

Cada situación, cada contexto, facilita ciertas cosas e impide otras. El comportamiento no-verbal estratégico busca obtener los mejores resultados posibles de cada interacción.

El comportamiento no-verbal estratégico requiere la evaluación racional de nuestras opciones y el diseño de acciones no-verbales para cada escenario que puede presentarse, y consiste en utilizar las expresiones que representan los códigos más eficientes en cada caso. El manejo gestual permite optimizar las estrategias verbales de acuerdo con los objetivos de la comunicación en cualquier situación.

Observar analíticamente los componentes no-verbales de las interacciones humanas permite darnos cuenta de lo que pensamos y sentimos, para atar finalmente todos los cabos y llegar a una conclusión acerca de lo que está pasando. A partir de entonces, podemos elaborar un comportamiento estratégico. Pero debemos recordar que los conocimientos intelectuales acerca de la CNV tienen la finalidad de desarrollar la intuición no-verbal, es decir, la capacidad de expresarnos eficientemente en forma espontánea.

Básicamente, no existen comportamientos no-verbales correctos o incorrectos; por eso, cuando uno se plantea el diseño de su comportamiento no-verbal estratégico, debe considerar en primer lugar cuál es su objetivo comunicacional. Manifestarse a través de posturas cerradas, como por ejemplo los brazos cruzados, es incongruente si lo que se pretende transmitir es empatía, pero es coherente si se trata de expresar la defensa de una determinada posición o el rechazo ante la propuesta del otro. Gracias al análisis de la CNV, tenemos la posibilidad de ser mucho más estratégicos en nuestros comportamientos.

Diagnóstico de la CNV

Para realizar un diagnóstico objetivo de la CNV, se necesita cultivar la capacidad de interpretar adecuadamente los gestos y las posturas. Gracias al conocimiento de la CNV, se puede tener un cuadro de lo que está ocurriendo, en el momento en que ocurre, con sólo observar las expresiones faciales y corporales que acompañan las palabras de una persona.

Cuando nos encontramos con un desconocido, surgen pensamientos orientados a encasillarlo dentro de una categoría asociada con significados que hemos elaborado a lo largo de nuestra experiencia. Percibimos inconscientemente detalles reveladores acerca de su posición económica y nivel de educación, su jerarquía laboral, sus creencias religiosas y su atractivo físico; y evaluamos al mismo tiempo el potencial de empatía o la posibilidad de un choque de personalidades.

Advertimos todo esto a través de nuestras valoraciones inconscientes acerca de la forma en que está vestido y otros aspectos de su apariencia, su género y edad, su estatura y estado físico, su color de piel, cabello y ojos, y la impresión que nos causa el sonido de su voz. Sin embargo, la manera en que decodificamos tales signos y señales no-verbales puede estar teñida de prejuicios que afectan nuestras reacciones emocionales y nos predisponen negativa o positivamente, según nuestros sistemas de creencias.

El conocimiento de la CNV tiene la capacidad de liberarnos de tales prejuicios al brindarnos interpretaciones fundamentadas, y promover la práctica de un estilo abierto y empático.

Es importante destacar que aun siendo lego en CNV, es posible empezar a realizar diagnósticos más certeros acerca de las personas si se toma conciencia de que hay que permanecer atento a los signos y señales no-verbales, y se guía la observación del comportamiento no-verbal mediante preguntas como las siguientes: la persona con la que estoy interactuando, ¿está relajada o tensa? Su lenguaje corporal, ¿demuestra interés o indiferencia? ¿Aprobación o rechazo? ¿Parece sincero o hipócrita? Estos constituyen los principales ejes de observación para realizar un diagnóstico de la CNV.

Al aprender a decodificar los gestos y las posturas, se empiezan a reconocer ciertos actos que antes se pasaban por alto. Pero, para llegar a un diagnóstico no-verbal adecuado, se debe buscar un patrón de consistencia. Por ejemplo, el gesto de girar la palma de la mano curvando los dedos para mirarse las uñas expresa un rapto de introspección, y representa un comportamiento de huida cognitiva, una

señal de que la persona se ha desconectado momentáneamente de la situación en la que participaba.

Si se mira las uñas una vez en forma aislada, lo más probable es que se haya desconectado por motivos irrelevantes
para la interacción del momento, tales como un pensamiento o un recuerdo que cruzó su mente y atrapó su preocupación. Pero si vuelve a hacerlo una y otra vez, no le importa
la interacción, por lo menos en ese momento. Aunque pa-
rezcan cosas muy obvias, muchas veces se nos escapan.

Como no estamos acostumbrados a prestarles atención
a estos aspectos, al principio podemos llegar a conclusiones erróneas. La interpretación de los gestos, así como el
diseño del comportamiento no-verbal estratégico, no responde a una receta. Los conocimientos intelectuales tienen
como objetivo el desarrollo de la intuición, la habilidad más
importante que necesitamos.

La intuición en CNV se basa en un reconocimiento ins-
tantáneo que se ha vuelto parte de nuestra naturaleza gracias a la observación, el estudio y la práctica de los gestos y
las posturas. El entrenamiento en CNV es un camino para
reconocer lo que en realidad sentimos, racionalizar nuestras intuiciones y llegar a conclusiones más sólidas acerca
de las personas con las que tratamos, por ejemplo, si mere-
cen nuestra confianza o no. Un gesto es nada más que un
indicio, pero la integración de los indicios le permite al "de-
tective gestual" descubrir significados ocultos.

Un problema que hay que tener presente cuando se intenta aplicar cualquier modelo de la realidad es el de "visión
en damero", en la que sólo existen blancos o negros y no se
perciben los grises, pues de ese modo se pierden de vista las
variantes que no responden al modelo. La intuición nos va
a decir si el modelo se ajusta a la situación concreta o debemos adaptarlo.

Cuanto mayores sean el conocimiento y la experiencia
acerca de un determinado campo, es más fácil que tengan

lugar los procesos intuitivos. La intuición es una síntesis de experiencia, percepción y razonamiento que acontece a gran velocidad y que nos lleva a realizar acciones eficientes.

Conceptos fundamentales para la interpretación de la CNV

Para decodificar los significados de la CNV, debemos tener conciencia de la complejidad de la comunicación humana. Un determinado acto no-verbal puede tener diferentes significados de acuerdo con la situación en que se produzca y la personalidad del individuo que lo realiza. Dado que no hay un recetario unívoco, es necesario agudizar y entrenar la percepción.

Existen cinco conceptos fundamentales que hay que considerar para interpretar correctamente los datos provenientes de la CNV: contexto, secuencialidad, variabilidad, relevancia y sincronicidad verbal/no-verbal.

Contexto

La CNV sólo cobra verdadero sentido cuando somos testigos o tenemos información acerca del contexto. Hay dos tipos básicos de contexto: el situacional y el cultural.

En toda situación intervienen variables tales como el tipo de relación previa, los objetivos explícitos e implícitos de la interacción, el espacio en el cual se está llevando a cabo, las circunstancias personales de los participantes, etc. Por ejemplo, los mismos actos específicos de la CNV entre amigos pueden tener significados completamente diferentes cuando se producen entre personas que no se conocen.

La identidad de los sujetos como miembros de distintas nacionalidades, religiones, profesiones, etc., determina el contexto cultural, y este define los diferentes significados que pueden adquirir los comportamientos no-verbales. Los médicos, los abogados, los profesores, todos ejercen una gestualidad típica de su profesión.

Por ejemplo, uno de los aspectos del rol docente es la evaluación crítica, y en este sentido, los gestos que señalan este estado cognitivo-valorativo pueden no tener necesariamente un sentido negativo, sino simplemente representar el ejercicio de su tarea.

Sin embargo, debemos aclarar que un estilo basado exclusivamente en comportamientos no-verbales de evaluación crítica representa un sesgo negativo que dificulta el objetivo del aprendizaje.

Existen docentes, así como médicos y ejecutivos, a quienes a veces les falta destreza en los comportamientos no-verbales generadores de empatía y reciprocidad, debido a que pertenecen a una tradición cultural en la que prevalecen las actitudes dominantes.

Secuencialidad

El orden de manifestación de los actos no-verbales altera sus significados. No es lo mismo un gesto de duda seguido de uno de aprobación, que lo inverso. En el primer caso, la aprobación es consecuencia de la evaluación positiva, y por lo tanto, equivale a una conclusión. En cambio, si luego de emitir gestos aprobatorios, la persona con la que interactuamos comienza a dirigirnos gestos de incertidumbre, es posible que se haya producido una reversión en su percepción de la situación.

Variabilidad

En la complejidad de la CNV no todos los gestos se producen siempre de la misma manera, dado que cada acto no-verbal tiene muchas formas de manifestarse. Un mismo gesto puede tener variantes. Las personas difieren en el modo en que mueven su cuerpo debido a particularidades culturales, temperamentales y anatómicas.

En la variabilidad intervienen factores tales como el matiz que le da a un determinado gesto la velocidad con que se produce.

Para interpretar acertadamente un gesto, debemos ser capaces de reconocer tanto la estructura implícita en los movimientos que lo conforman, como las características específicas que en el momento de su emisión lo convierten en algo único.

Relevancia

Los actos no-verbales son suscitados por estímulos tanto externos como internos, algunos de los cuales pueden ser irrelevantes. Por ejemplo, en una conversación no prestamos atención a lo que está pasando todo el tiempo, sino que ocurren lapsos normales de discontinuidad. Es posible que un gesto de disgusto se produzca porque en la mente de la persona irrumpió el recuerdo de una discusión que ha tenido horas o días antes.

Hay que observar cuidadosamente y buscar un patrón de congruencia dentro de una interacción, para que la CNV se interprete con propiedad. Cuando no hay suficiente tiempo para encontrar un patrón, se deben considerar a los actos no-verbales como indicios sin confirmar, pero aun así se obtiene información valiosa.

Un gesto cualquiera puede estar referido a lo que uno está diciendo, a otra persona o a lo que se cruza por la mente en ese momento. En todos los casos, si se cree que el acto no-verbal observado puede tener un significado importante, por ejemplo un gesto de duda como rascarse la cabeza, siempre se puede formular una pregunta que aclare la situación.

Lo mejor es hacerlo en forma inmediata o casi inmediata a la percepción del gesto, con intervenciones como: "¿Hay algo que le preocupe y que no me haya comunicado? ¿Hay algo que le gustaría esclarecer?". De esta manera, la comunicación verbal se integra en un solo campo con la CNV, y se favorece una mayor fluidez y autenticidad en el trato.

Cuando la CNV permanece velada a la conciencia, no se puede producir esta integración superior. (Ampliamos este concepto en el Capítulo 7.)

Sincronicidad verbal/no-verbal

En un reportaje televisivo, un cabo que había denunciado a la mafia policial citaba los lugares donde solía recaudar: casinos clandestinos, remiserías, cabarets. Al mismo tiempo que enunció la palabra "cabaret", se rascó la cabeza.

Gracias a la CNV se puede interpretar que "cabaret" tiene para este individuo un significado especial, dado que le suscitó un estado de perplejidad, asociado a un pensamiento que cruzó su mente en el momento en que dijo esa palabra clave.

¿Habrá recordado un fragmento de un hecho importante del que haya sido testigo o partícipe en un cabaret?

Hay que considerar a la CNV en sincronía con el lenguaje verbal, ya que ambos se influyen mutuamente. Hay que ver cómo se relacionan, y qué actos no-verbales acontecen simultáneamente con lo que se dice en palabras.

No tiene sentido tratar de analizar constantemente todos los gestos que se emiten, porque su número es tan grande que resulta imposible hacer un seguimiento permanente. Pero sí debemos estar atentos para percibir cuándo un acto no-verbal puede ser significativo, y esto por lo general ocurre cuando relacionamos sincrónicamente la comunicación verbal y la no-verbal.

Inteligencia no-verbal

Es necesario distinguir entre el aprendizaje social del comportamiento no-verbal (proceso primario) y el entrenamiento o capacitación (proceso secundario), es decir, diferenciar CNV de la CNV aplicada, o inteligencia no-verbal. Esta se desarrolla cuando la CNV se vuelve parte de la percepción voluntaria y del desempeño modelado sobre criterios estratégicos.

Hemos incorporado nuestro repertorio actual de comportamientos no-verbales en parte a través de la herencia biológica, y en parte del aprendizaje social, por el que nos convertimos en miembros de una determinada cultura y de distintos grupos subculturales.

Los grupos subculturales más importantes que existen en cualquier sociedad corresponden a las afiliaciones de género: masculino o femenino, y a las afiliaciones por edad: infantes, niños, adolescentes, adultos, ancianos. Para cada combinación de género y edad existen pautas tradicionales de comportamientos no-verbales que afectan las relaciones. La cultura establece protocolos formales e informales de comunicación no-verbal que enmarcan los intercambios de madres con sus bebés, de niños con otros niños, de niños con niñas, de adultos con adolescentes, de niños con ancianos, etc.

Los procesos de aprendizaje incluyen los modelos individuales y los generales. Los primeros están constituidos por los comportamientos que se aprenden de una sola persona y se comparten con ella, como el padre o la madre, un hermano mayor u otro pariente, los maestros de escuela, etc. Los modelos generales corresponden a los diferentes modos de organización de la cultura, tales como las nacionalidades, las religiones, las clases sociales, e incluso las empresas u otras instituciones.

Los modelos individuales son idiosincrásicos, es decir, responden a las condiciones de vida singulares de las personas, sus gustos, aversiones, aptitudes, dificultades, formas anatómicas, etc. Existen grandes probabilidades de que el hijo copie las particularidades del comportamiento no-verbal del progenitor con el que más se identifica. Por ejemplo, el manejo de instrumentos de uso cotidiano, tales como los cubiertos; o gestos y posturas, como las formas de sentarse, caminar, mover las manos, etc.

Por otro lado, muchos comportamientos no-verbales provienen de tradiciones que se comparten con grupos mayores y se transmiten a través de mecanismos culturales. Por ejemplo, las ideas que se inculcan en el hogar y en la escuela, o desde los medios masivos de comunicación, enseñan las reglas culturales de exhibición de las emociones, tales como "los hombres no lloran", o la forma en que debemos comportarnos frente a los extraños: "no hay que acercarse a quienes no conocemos", etc.

Gracias al estudio y la práctica de la CNV, se revelan las reglas del protocolo tácito de las relaciones sociales amplias –por ejemplo el trato entre personas que pertenecen a diferentes clases sociales–, y de las específicas, tales como el manejo de las jerarquías en los distintos ambientes de trabajo.

También aprendemos formas de gesticular que compartimos con la gran mayoría de nuestros compatriotas, y que expresan conglomerados emotivos, valorativos e intencionales propios de una identidad nacional desarrollada históricamente. Por ejemplo, en el caso de los códigos del comportamiento no-verbal de la identidad nacional argentina, encontramos la abundante puesta en escena de actos no-verbales que expresan el predominio del escepticismo y la soberbia en la forma de sentir, de actuar y de concebir la vida.

El entrenamiento en CNV es un proceso por el que nos volvemos conscientes del inconsciente cultural y descubrimos las particularidades de nuestro comportamiento no-verbal idiosincrásico. El objetivo de este aprendizaje es liberarnos de los patrones heredados que evidencian menor capacidad para alcanzar una comunicación satisfactoria. Esto se logra al adoptar deliberadamente comportamientos no-verbales menos conflictivos y más eficientes, es decir, aquellos que permiten la expresión estratégica de nuestras verdaderas emociones y que tienen mayores probabilidades de producir los resultados que deseamos.

Al comienzo, la aplicación de la CNV es similar al empleo de un idioma recién aprendido, cuando cada palabra se piensa y expresa por separado. Pero la práctica permite manifestar e interpretar nuevos comportamientos no-verbales, sin dejar de prestar atención a otras actividades simultáneas. En un momento dado deja de existir la escisión mental entre signo y significado que caracteriza a los primeros esfuerzos lingüísticos.

Una vez que incorporamos suficiente conocimiento y práctica de la CNV, y nuestro "vocabulario" de gestos y posturas se vuelve lo suficientemente amplio, nos damos cuenta automáticamente de su significado y reaccionamos en forma acorde. A este desarrollo podemos llamarlo inteligencia no-verbal.

La inteligencia no-verbal produce un tipo específico de percepción, análisis racional e intuición que favorece la expresión integrada de los aspectos verbales y no-verbales de la comunicación.

El objetivo de la inteligencia no-verbal es resolver estratégicamente problemas interpersonales y actuar con mayor eficiencia con relación a nuestros semejantes para alcanzar un tipo de comunicación más auténtica y valiosa.

La inteligencia no-verbal es un aspecto fundamental de la inteligencia emocional, y tiene como meta última la evolución cultural de la sociedad, pues incrementa la probabilidad de ser más felices a través de la CNV correspondiente.

SEGUNDA PARTE

HERRAMIENTAS NO-VERBALES DE INTELIGENCIA EMOCIONAL

CAPÍTULO 5

DOMINANCIA, COOPERACIÓN Y SERVICIALIDAD

Juegos de poder y estilos de liderazgo

En el trabajo y la vida social proyectamos una imagen creada por nuestro comportamiento, verbal y no-verbal, que es interpretada por los demás en función de códigos establecidos por la cultura, y por las perspectivas subjetivas que son producto de la experiencia personal. Quienes son líderes en cualquier área de actividad proyectan una imagen diferente, que es decodificada de manera especial por el resto de la gente.

El liderazgo está vinculado a una estructura de relacionamiento, presente en todas las interacciones humanas, llamada "juegos de poder". Los juegos de poder consisten en formas de manejar la comunicación, que tienen por objetivo alcanzar una posición superior dentro de la jerarquía grupal, y correlativamente, evitar ser colocado en una posición de inferioridad. Pero debido a que ningún grupo puede subsistir sin relaciones cooperativas, también existe una posición de paridad.[1]

---

1. El concepto de "juegos de poder" viene de la psicología transaccional. Entre sus principales exponentes se debe mencionar a Eric Berne y Jay Haley.

Estos juegos tienen una base genética, debido a que en las poblaciones animales la selección natural determina que los individuos mejor adaptados, aquellos que desarrollan mayor resistencia y destreza, ocupen la posición superior y tengan la mayor cantidad de descendencia, mientras que los menos fuertes y hábiles sean dominados y tengan menor acceso a la reproducción.

En la naturaleza, la dominancia se ejerce a través de comportamientos agresivos, muchos de los cuales están ritualizados, es decir, consisten en simulacros de ataque que no llegan a mayores consecuencias, pero que tienen importancia psicológica.

Para mantener su jerarquía, un macho dominante de una población de babuinos realiza actos tales como acercarse sigilosamente a un macho más joven que descansa distraído sobre una roca, y asustarlo con un fuerte alarido. La víctima se sobresalta y huye. El líder se exhibe entonces con orgullo durante un momento sobre esa misma roca, y luego continúa con sus actividades. El único objetivo de este comportamiento agresivo ha sido la confirmación ritual de su posición jerárquica. Este es el modelo del liderazgo agresivo.

La dominancia también es afirmada a través de comportamientos de generosidad. Un macho dominante arriesga su vida para defender a los miembros del grupo, o reparte entre ellos alimentos que no podrían conseguir por sí mismos. En cierto sentido, a través de este tipo de actos, el macho dominante se coloca en una posición de inferioridad relativa, que tiene como resultado la confirmación de su derecho a ocupar la posición superior. Este es el modelo del liderazgo servicial.

Por otro lado, en la naturaleza existen numerosas ocasiones en las que el grupo actuará como una unidad menos diferenciada jerárquicamente. La búsqueda de alimento y refugio, el cuidado y la educación de las crías, la vigilancia del territorio y la huida ante el peligro son actividades cotidianas en las que para tener éxito, las poblaciones dependen del trabajo de grupos de pares y la acción coordinada y armoniosa del conjunto, más que de la capacidad individual de sus líderes. Los actos que favorecen este tipo de interacción, tales como el apaciguamiento y la resolución de conflictos, la motivación, el estímulo y el respeto mutuo, constituyen el fundamento del liderazgo empático.

Para la humanidad, la evolución cultural ha tomado el lugar de la selección natural, pero aun así seguimos siendo afectados por esta, puesto que la conducta humana mantiene formas de comportamiento vinculadas a los procesos biológicos. Los comportamientos de raíz biológica no han desaparecido por completo de nuestras vidas, sino que se han vuelto inconscientes.

La alternancia de comportamientos competitivos y de colaboración sigue siendo un factor fundamental para la supervivencia, y por eso los juegos de poder cumplen un papel tan importante en las sociedades humanas.

La estructura de los juegos de poder consiste entonces en las tres posiciones básicas en las que podemos encontrarnos respecto de nuestros congéneres: estar por encima, estar por debajo y estar al mismo nivel.

Estar por encima es ocupar la posición de dominancia, estar por debajo, la posición de sumisión, y estar al mismo nivel, la posición de paridad. Cada una de estas posiciones conlleva una ubicación jerárquica en la estructura de un grupo y se acompaña de un estado psicológico particular.

La dominancia implica poder para controlar el comportamiento ajeno; la sumisión, la obligación de aceptar el poder de otros; y la paridad, la posibilidad de mantener relaciones de reciprocidad.

Estar por encima amplía la dimensión psicológica del sujeto, afirmando y estimulando sus representaciones mentales de valor e importancia personal. Estar por debajo disminuye la dimensión psicológica, al ratificar representaciones negativas.

Tanto estar por encima como estar por debajo producen una elevación en los niveles de estrés: la posición superior debe ser defendida continuamente de los ataques de los competidores internos e implica mayores responsabilidades, tales como tener un rol más activo en la protección del grupo contra los competidores externos y en la obtención de recursos; y la posición inferior impone restricciones a la satisfacción de los deseos y las necesidades. En cambio, la posición de paridad permite un estado más relajado que llamaremos sentimiento de comunidad, y es necesaria para mantener la cohesión grupal, el respeto pacífico por la autoridad y las relaciones cooperativas.

Los seres humanos compartimos ciertos tipos de comportamientos sociales con muchas otras especies de mamíferos. Sin embargo, nuestra conducta no está determinada por factores instintivos. Mientras que en la naturaleza la posición dominante suele compensarse con actitudes altruistas y de autosacrificio, en las sociedades humanas la dominancia puramente agresiva puede llegar a ser la única norma.

Nuestros dirigentes pueden usufructuar su posición de privilegio sin rendir a cambio ningún beneficio para la comunidad, y hasta pueden resultar totalmente perjudiciales para la supervivencia y el bienestar del grupo. En este caso, para mantener su posición, los dirigentes deberán cometer constantemente actos de dominancia agresiva, pues la rebeldía manifiesta o latente será el estado permanente del conjunto social.

En contraste con las poblaciones animales, para las personas existe una diferencia clave entre dominancia y liderazgo, pues un individuo puede ser dominante y el grupo no aceptarlo como líder.

Por otro lado, en las sociedades humanas también es posible alcanzar el máximo nivel de liderazgo a través de un comportamiento fundamentalmente servicial. Sin embargo, esta es una posibilidad que tiene una representación estadística muy reducida. Muy pocos individuos parecen estar capacitados para alcanzar el nivel de entrega requerido, y la dinámica social, política y económica sigue favoreciendo el hecho de que los individuos dominantes-agresivos alcancen las máximas posiciones de poder. La ausencia de restricciones instintivas hace que esta situación resulte negativa para la evolución humana.

¿Cuál debería ser entonces el modelo de liderazgo adecuado para la evolución positiva de la sociedad? Los mejores ejemplos de este tipo existen en las culturas que, curiosamente, han sido denominadas primitivas por no haber desarrollado estructuras políticas ni tecnologías a gran escala. En un ambiente de austeridad, estas sociedades han evolucionado de manera que sus sistemas simbólicos e institucionales promueven la elección de sus líderes entre aquellos individuos que presentan las mejores cualidades para el liderazgo empático. Paralelamente, han desarrollado mecanismos para impedir que los dominantes-agresivos accedan al poder, o para destituir a aquellos que habiendo comenzado como líderes empáticos caen en la agresividad.

Tipos de carisma

Al relacionar la cuestión del liderazgo con la CNV surge el tema del carisma. ¿Por qué decimos que algunas personas tienen carisma? ¿Qué las hace carismáticas?

Los individuos más hábiles en las relaciones sociales, aquellos cuyas cualidades como comunicadores superan el promedio, ponen en escena ciertos códigos no-verbales, conscientes e inconscientes, que generan un efecto de "halo". El carisma "ilumina" su presencia en cualquier ambiente y situación. Estas personas son vistas como más asertivas, empáticas y persuasivas que otras.

Los individuos que tienen una capacidad superior para comunicar empatía y establecer *rapport* utilizan un patrón de expresiones faciales de bienestar y alegría, o que se adaptan al estado de ánimo de aquellos con quienes interactúan. Miran a los ojos durante más tiempo y se muestran más afectivos e interesados por los demás. Se manifiestan con cada persona como si fuese importante para ellos mismos, para la organización a la que pertenecen o para la sociedad. Si ocupan un cargo de alta jerarquía, atemperan los efectos de su estatus y hacen sentir a los demás que se elevan a su propio nivel.

Desde el punto de vista de los juegos de poder, quienes manifiestan el carisma empático practican un estilo de liderazgo horizontal. Estos individuos no se colocan por encima de nadie, y tampoco ceden fácilmente ante los intentos ajenos de colocarlos por debajo, a menos que sea parte de una estrategia deliberada y necesaria. Así es el carisma de los grandes diplomáticos.

El carisma empático se ve en aquellos científicos que han alcanzado un alto grado de realización intelectual, y en los profesionales de la salud y la docencia que sienten verdadero amor por lo que hacen. También puede observarse en artistas y otras celebridades que, aun en el marco de la fama y la fortuna, han aprendido a manejar sus egos y a mantener una visión equilibrada. Aparece en gente satisfecha de cualquier ocupación y nivel socioeconómico.

Las personas que representan al carisma empático pueden tener tendencia a la extroversión o, por el contrario, ser sujetos reservados proclives a la introversión. Quienes proyectan un estilo de carisma dominante-agresivo también pueden mostrarse empáticos, pero por lo general denotan impostura o condescendencia.

Otro tipo de carisma es el que corresponde a las personas que llevan su capacidad para la empatía a un extraordinario grado de servicialidad y entrega. Tal es el caso de los líderes religiosos y reformadores sociales como la Madre Teresa de Calcuta, el Mahatma Gandhi o Eva Perón. El carisma que proyectan estos individuos es capaz de atraer a un enorme número de seguidores. Ellos suelen inscribirse en la historia como verdaderos hitos, y el recuerdo que dejan puede perdurar por muchas generaciones.

Respecto de los juegos de poder, estos líderes adoptan la posición de sumisión. Su fortaleza radica en que nadie los obliga sino que lo hacen voluntariamente; así, la sumisión deja de serlo y se transforma en servicio a la comunidad.

El carisma de la servicialidad y la entrega puede estar representado por sujetos extravertidos o introvertidos. En el caso de los extravertidos, su manejo natural de la CNV les otorga una extraordinaria capacidad para la comunicación pública, y su carisma se caracteriza por la potencia expresiva de sus expresiones faciales y de sus ademanes, a través de los cuales comunican la intensidad de sus emociones con gran efectividad.

En el caso de los introvertidos, su CNV se caracteriza por un alto grado de dominio sobre la expresión de sus emociones, que se manifiesta a través de un lenguaje corporal parsimonioso. Sus movimientos suelen ser lentos, su volumen de voz bajo y modulado, y sus miradas, aunque penetrantes, transmiten calma.

Debemos remarcar la importante distinción que existe entre servicialidad y servilismo. Las personas serviciales, lejos de colocarse en una posición inferior en el sentido de la sumisión, es decir, del acatamiento de la voluntad ajena debido a emociones de temor, son personas que profesan el amor a un ideal en un grado superior al de la mayoría. Son personas seguras de sí mismas que no se dejan avasallar frente a las demandas de los individuos agresivos, y muchas veces los enfrentan con coraje y decisión.

La servicialidad incluye a menudo la lucha activa por un objetivo altruista, y es su compromiso lo que puede convertir a estas personas en grandes líderes. El servilismo, por el contrario, implica el deseo y la disposición exagerada de complacer a los demás, sobre todo a aquellos que se encuentran en posiciones de poder.

En la cultura occidental, la noción de que el poder y el éxito se obtienen a través del carisma dominante-agresivo es parte del sentido común. Mucha gente comete el error de dejarse seducir por aquellos que mejor saben cómo manipular a los demás. Por eso, los dominantes-agresivos son considerados carismáticos.

Estos sujetos ejercen un lenguaje corporal de superioridad, es decir, utilizan un patrón de expresiones faciales que resultan intimidatorias y soberbias, debido a que manifiestan agresividad, menosprecio y escepticismo. Tienen un estilo de lenguaje corporal avasallador: caminan rápido y con los dorsos de las manos hacia adelante, hacen entradas y retiradas intempestivas, y ocupan más espacio mediante posturas y ademanes expansivos, como por ejemplo, extender los brazos sobre el respaldo.

También realizan continuos gestos de control, tales como señalar y otros movimientos de las manos para dar órdenes y dirigir los comportamientos ajenos en el sentido de acercarse, permanecer o retirarse. Las personas cuyo carisma es dominante tienen un tono de voz más grave y un volumen más alto, interrumpen y hablan más que sus interlocutores.

Desde el punto de vista de las tres posiciones de los juegos de poder, estos individuos se ponen la mayor parte del tiempo por encima de los demás: se muestran de manera tal que hacen sentir a todos por debajo de ellos. Este carisma del tipo dominante-agresivo es el de una gran parte de los líderes políticos y económicos de la cultura occidental.

Debemos hacer aquí otra distinción importante para diferenciar la dominancia agresiva de la asertividad debido a que es común confundir esta última con el comportamiento arrogante.

Las emociones de desprecio, disgusto y enojo son típicas del comportamiento arrogante e indicadoras de una valoración exagerada del ego. Las personas sobrevaloran su ego por diferentes motivos. Lo más común es que lo hagan basados en posiciones de poder obtenidas gracias a su estatus social y económico. También se debe al narcisismo estético, es decir, a creerse más importantes que los demás por el hecho de ser atractivos, o al narcisismo de la sensibilidad, es decir, sentirse por encima del resto debido al talento artístico.

El comportamiento arrogante de la dominancia agresiva está relacionado con la intolerancia a la incertidumbre, que es un tipo de inseguridad psicológica. La verdadera asertividad está vinculada con el control de las emociones negativas y la aptitud para las positivas.

Una persona asertiva no tiene necesidad de ser agresiva, ni de colocar a nadie por debajo de sí. Su autoridad emana de su habilidad para la toma de decisiones, su percepción intuitiva y otras aptitudes que lo capacitan para el liderazgo, pero fundamentalmente, de su actitud positiva y su entereza ante las dificultades. Lo que caracteriza a este tipo de personas es que se sienten orgullosas de sus logros, sin importar la magnitud de estos.

CAPÍTULO 6

EL APRETÓN DE MANOS

Características generales

En este capítulo vamos a analizar un conjunto no-verbal fundamental en las interacciones cotidianas: el apretón de manos, es decir, el ritual del saludo. Describiremos sus características morfológicas generales, o sea, las variantes que se presentan habitualmente, y ofreceremos los significados asociados a cada caso en términos de valoraciones, intenciones, actitudes y estilos. También abordaremos las posibilidades de comportamiento no-verbal estratégico ante los juegos de poder implicados por los distintos tipos de saludo.

Los libros de etiqueta social y de negocios sostienen que dar la mano comunica información relevante acerca de la personalidad. También es parte de este conocimiento convencional la creencia de que el apretón de manos es un componente importante en las primeras impresiones que nos formamos sobre las personas.

Según la visión de la literatura protocolar, los "buenos apretones" comunican sociabilidad y asertividad, mientras que los "malos apretones" comunican inseguridad y desdén. Esta afirmación es sostenida en un gran número de seminarios de entrenamiento en habilidades de negocios que se dictan en los Estados Unidos.

A través de su presencia en productos culturales de difusión masiva como libros de divulgación, artículos de revistas, películas y series de TV, ciertos modelos de CNV se han vuelto parte de la cultura popular norteamericana, y a partir de este fenómeno han comenzado a globalizarse.

En un capítulo de la serie "Friends", Rachel le pide a Monica que la ayude a practicar su *handshake* (su manera de estrechar la mano), pues al día siguiente tendrá una entrevista de trabajo. En este ejemplo podemos ver que la CNV es valorada por el común de los ciudadanos norteamericanos como un recurso importante en las relaciones humanas, y es notable que en una comunidad que rinde culto al éxito social, la eficacia productiva y el ejercicio del poder, se reconozca la relevancia de la CNV.

Los estudios científicos han confirmado y ampliado el conocimiento convencional acerca de las relaciones entre las variables que intervienen, las primeras impresiones y los rasgos de la personalidad, al poner a prueba las posibilidades de generalización de las características de dar la mano.

Las hipótesis más investigadas han sido que los "buenos apretones", los que resultan en una impresión más favorable, son firmes, cálidos y secos, abarcan la mano completa y se acompañan con un contacto ocular directo, mientras que los "malos apretones", los que producen una impresión desfavorable, son blandos, fugaces, esquivos, fríos y húmedos, presentan poco contacto entre las palmas y se acompañan con escaso contacto ocular.[1]

---

1. Fuente: Chapplin, Phillips y Brown: "Dar la mano. Género, personalidad y primeras impresiones" (1996), en *Journal of Personality and Social Psychology*, American Psychological Association, Vol. 19, N° 4, Universidad de Alabama, julio 2000.

Se ha demostrado que, efectivamente, usamos estas observaciones físicas y comportamentales para formarnos impresiones sobre las personas con las que nos estrechamos las manos, y que estas pueden alcanzar un elevado grado de certeza. No se han encontrado diferencias debidas al género, es decir, que el hecho de que el apretón ocurra entre dos hombres, un hombre y una mujer, o entre dos mujeres no cambia los resultados.

Es importante destacar que, en el caso de las impresiones negativas, muchas veces evitamos reconocer conscientemente las implicancias que pueden tener en nuestras relaciones, y a pesar de la evidencia de nuestras sensaciones de incomodidad en el momento del saludo, preferimos echarlas en el olvido de inmediato.

Esto se debe a que proyectamos nuestras intenciones y deseos de ser bien recibidos, y resulta perturbador para nuestro ego que algunas personas nos rechacen incluso sin conocernos. También se debe a que no deseamos que los resultados que esperamos obtener se vean tan rápidamente malogrados. Inversamente, a veces somos nosotros los que ofrecemos un mal apretón debido a que rechazamos a la otra persona o no nos interesa interactuar con ella en ese momento.

Las investigaciones también han encontrado una correlación sustancial entre las variables del apretón y los rasgos de la personalidad. Las correspondencias han corroborado gran parte del conocimiento informal, ya que mostraron que los buenos apretones corresponden a los individuos más extravertidos y abiertos a la experiencia, mientras que los malos apretones corresponden a los más introvertidos y neuróticos. Se ha probado que cada manera de dar la mano presenta rasgos estables y consistentes a lo largo del tiempo y en distintas situaciones, por lo tanto, se ha verificado su conexión con las distintos tipos de personalidad.

Para que estos resultados tengan rigurosidad y sean confiables, los investigadores han puesto mucho cuidado en reproducir las condiciones del saludo que tiene lugar entre desconocidos en las situaciones sociales y comerciales más típicas. Esto implica que dichos resultados pueden aplicarse al desarrollo de estrategias eficaces de comunicación en la vida laboral y personal.

El *handshake* de la globalización

Así como el inglés es el idioma de la mayoría de las relaciones interculturales, los modales internacionales de los negocios se han visto influidos por el arquetipo anglosajón-norteamericano de comportamiento gestual. De esta manera, chinos, japoneses y otros orientales que en sus países saludan con una reverencia, cuando interactúan con occidentales dan la mano en el estilo llamado "*All American*".

Los elementos que componen este modelo internacional son: orientación frontal, palmas perpendiculares con estrecho contacto entre ellas, brazos en escuadra, contacto ocular y sonrisa. También puede haber un leve movimiento de inclinación de la cabeza. En nuestro idioma, a este estilo se lo llama "dar la mano como un hombre".

El apretón de manos es un comportamiento protocolar que cumple funciones regulatorias de las relaciones sociales. A pesar de que su intención ideal es el respeto mutuo y la reducción de las probabilidades de conflicto, en las situaciones reales el apretón de manos cobra un sentido que puede contradecir dicho ideal.

Puede suponerse que dar la mano debe ser usado como signo de bienvenida. Sin embargo, en forma inconsciente, a menudo se ponen en práctica numerosas formas de expresar emociones e intenciones antipáticas. Dar la mano es algo tan habitual, que normalmente no nos detenemos a considerarlo con profundidad.

Estrategias

Entrenarse en un modelo positivo de dar la mano tiene las ventajas de causar una mejor impresión y de reducir las posibilidades de caer en juegos de poder.

Los juegos de poder consisten en las palabras y los actos que dirimen los sentimientos relacionados con la comparación de estatus, y su resultado es el ajuste en el comportamiento de las partes para adaptarse jerárquicamente. En este proceso, en el que se pone a prueba o ratifica el lugar que ocupamos en las escalas sociales e interpersonales de poder, la CNV tiene un papel muy importante.

Los distintos aspectos del acto de dar la mano, tales como: la iniciativa, la orientación del cuerpo, la posición en que es ofrecida la palma, la fuerza del apretón y su duración, representan diferentes actitudes y estilos de CNV, vinculados con las emociones del momento, los sentimientos y el carácter.

A través de la forma en que ofrecen la mano, las personas expresan una faceta central de sus estados de ánimo, sus intenciones y los rasgos de su personalidad. En el apretón de manos proponemos, prototípicamente, el tipo de relación que queremos establecer, y tenemos la posibilidad de aceptar o no la que nos proponen.

Cuando se ofrece la mano con la palma hacia abajo, estamos en presencia de una jugada de dominio. Esto puede deberse a que la persona que lo hace tiene efectivamente un carácter dominante, o se manifiesta así para encubrir sus sensaciones de inseguridad.

Si nos ofrecen la palma de la mano hacia abajo, sabremos qué hacer para no caer en los juegos psicológicos del otro. El diseño de nuestra CNV podrá incluir varias opciones estratégicas para tratar con este caso.

La posibilidad más afiliativa es girarle la mano suavemente, pero con decisión, para ubicarla en posición de reciprocidad, es decir, perpendicular al suelo, mientras miramos a los ojos y sonreímos cordialmente.

Una variante más dominante consiste en no responder al saludo de manera inmediata. Simplemente se debe mirar directamente al rostro y no hacer nada. Esto provoca en el otro un momentáneo estado de perplejidad que disminuye su capacidad de control muscular. Solo entonces damos la mano y colocamos su palma en posición perpendicular.

En una relación de franca rivalidad, en la que poner al otro en condición de inferioridad puede ser una estrategia válida, haremos que su palma gire 180 grados para quedar hacia arriba, ubicándonos en posición dominante. Otra opción es responder en forma aparentemente sumisa con la palma hacia arriba, y luego dominarlo colocándole la mano izquierda por encima.

Como jugada de poder, la posición del cuerpo también puede expresar un estilo o una intención dominante. Ofrecer la mano con el cuerpo de perfil puede ser una señal de desinterés, rechazo y hasta desprecio, lo que hace sentir al otro por debajo.

Para evitar que las personas ejerzan sus jugadas agresivas con nosotros, pondremos cuidado en no aceptar un apretón de manos desde cualquier posición. Como parte de un estilo relacionado con el carisma de la reciprocidad, podemos buscar en forma consciente la orientación frontal, y sólo entonces producir el saludo. Si la otra persona se presenta perfilada, podemos corrernos de esa posición y movernos un paso para ubicarnos de frente.

Si decidimos ser más competitivos, podemos neutralizar la jugada de dominio respondiendo de la misma manera, es decir, con el propio cuerpo perfilado.

La fuerza del apretón es otro aspecto importante del saludo. Un apretón demasiado fuerte indica una personalidad dominante. Un apretón que oprime o estruja la mano del otro es un signo de agresividad, aunque en algunos casos puede ser simplemente una costumbre local.

El protocolo tácito de las normas de urbanidad considera ofensivo el acto de ofrecer la mano blanda. Semejante proceder puede interpretarse como desinterés y el deseo de librarse del otro. Músicos o pintores suelen ofrecer una mano blanda como forma de protección contra los apretones que podrían dañar su instrumento de trabajo.

Como estrategia, podemos entrenarnos para regular la intensidad y firmeza de nuestros apretones, y para leer en estas variables los estilos y las intenciones ajenas. De esta manera, contaremos con información que nos ayudará a decidir nuestros cursos de acción.

Respecto de la duración, los "buenos apretones" pueden variar según el contexto, pero jamás son sentidos como si se hubiesen interrumpido o prolongado. Su finalización se siente natural y ocurre sincrónicamente entre los participantes.

Un saludo demasiado corto, que se interrumpe súbitamente, expresa deseo de huir de la situación, falta de compromiso o desinterés. Un saludo largo se usa como signo de felicitación o de pésame, y tiene el significado de compartir los sentimientos del otro.

Algunos políticos utilizan un prolongado apretón en guante –aquel en el que la mano izquierda cubre la mano derecha del otro– como estrategia proselitista cuando saludan a desconocidos durante las campañas, pero generalmente sus sonrisas son exageradas. Este saludo también es típico de los vendedores que utilizan métodos de venta a presión.

Al dar la mano debemos observar a quién corresponde la iniciativa. Como regla general, la decisión de iniciar el saludo recae en las personas de mayor jerarquía. Tomar la iniciativa del saludo con personas de mayor rango, puede resultar socialmente inapropiado.

Si uno concurre a la oficina de otra persona, esta debería iniciar el saludo ofreciendo su mano como signo de bienvenida, o al menos por cortesía. No solemos ofrecer la mano cuando nos encontramos muy ocupados o preocupados, y la presencia de otras personas constituye una distracción inoportuna.

Cuando se trata de una cita concertada, no ofrecer la mano suele ser una estrategia para colocar al otro a la defensiva, para ponerlo en un estado de debilidad psicológica. Esto nos habla de una personalidad dominante, y es muy posible que el recién llegado experimente cierta zozobra emocional ante tal comportamiento de frialdad o mala predisposición.

Lo mejor en estos casos, es dejar las cosas como están, y esperar a ver qué pasa. Tomar la iniciativa y ofrecer la mano puede revelar ansiedad. Sin embargo, hay momentos en los que se siente que se debe avanzar y ofrecer la mano, aunque le corresponda al otro. Esta es una estrategia que puede utilizarse para demostrar interés en acercar posiciones, derribar barreras y estrechar la relación.

Handshake femenino

Dar la mano ha sido considerada históricamente una forma de saludo típicamente masculina, pero los hábitos de la vida social y de negocios de Occidente han hecho que la mujer participe cada vez más de esta clase de interacción. ¿Deben darse la mano hombres y mujeres? ¿Deben las mujeres darse la mano entre sí?

Los estudios han comprobado que puede ser útil para las mujeres estar siempre dispuestas a dar la mano, tanto como los hombres. Cuando lo hacen, las mujeres presentan un patrón diferente del masculino: por lo general, estiran más el brazo y ofrecen una mano blanda.

En los Estados Unidos se ha comprobado que las mujeres que adoptan el estilo "*All American*", o sea, que dan la mano "como un hombre", adquieren el aura ejecutiva que los valores de la cultura occidental han asignado tradicionalmente al género masculino.

En nuestra cultura, la mujer ha sido caracterizada con un rol asistencial, de modo que se considera natural que el hombre sea ejecutivo y la mujer secretaria. En los Estados Unidos se ha demostrado que dar la mano en un estilo típicamente masculino aumenta las posibilidades de promoción laboral para la mujer.[2]

Actualmente en la Argentina muchas mujeres se sienten incómodas dando un beso en contextos profesionales. A veces no pueden evitar que el hombre tome la iniciativa y las salude con un beso. Si una mujer no desea esta situación, debe adelantarse y ofrecer su mano. Si por iniciativa del hombre no puede evitar el beso como saludo inicial, debe estar más atenta en la despedida, y dar la mano.

Las profesionales comentan que dar un beso las pone en una situación de inferioridad psicológica para negociar con los colegas hombres, ya que perciben que estos aprovechan la costumbre para establecer un trato de confianza no otorgada. Saludar con un apretón de manos las coloca en una situación de mayor igualdad.

Los hombres no están acostumbrados a estrecharse las manos con las mujeres, de modo que ofrecen la mano de manera diferente de como se la ofrecen a otro hombre. Utilizan una mano blanda, o le toman sólo los dedos como si fuese un simulacro y no un verdadero saludo. A muchas mujeres esto les cae mal.

Ofrecerle la mano a una mujer de la misma manera en que se le ofrece la mano a un hombre es equivalente a reconocerla en su rol ejecutivo. De todos modos, es natural ser más suave con ella, dado que su mano es más pequeña y delicada.

---

2 Fuente: Chapplin, Phillips y Brown: *op. cit.*

Palma hacia arriba. Signo de servicialidad. Quienes ofrecen su mano de esta manera son personas inclinadas a asistir a otros, o a establecer formas constructivas de competencia. También puede tratarse de personas tímidas o inseguras, que buscan el control y la guía de otros, e indicar sumisión.

Palma hacia abajo. Signo de estilo o actitud dominante. Expresa el deseo de ejercer poder sobre el otro. También puede ser un intento de autoafirmación debido a sensaciones de inseguridad. Este acto es normalmente acompañado por un brazo rígido y realizado con un fuerte envión.

Palma perpendicular. Signo de asertividad. La mano ofrecida en forma perpendicular proyecta una personalidad segura de sí misma, que reconoce al otro con respeto. Esta es la forma estándar más apreciada, la manera en que los niños son educados para que aprendan a "dar la mano como un hombre".

Saludo frontal. Las orientaciones corporales informan acerca de la predisposición. El saludo frontal transmite asertividad e implica que se toma en cuenta la presencia del otro. Si la cabeza se orienta en forma frontal, pero el cuerpo permanece de perfil, se trata de un comportamiento "de huida".

Saludo lateral. Señala falta de interés en la interacción. El cuerpo y la cabeza perfilados denotan menor compromiso que la orientación frontal. Cuando el saludo es corto y la persona pasa a ocuparse inmediatamente de otros asuntos, puede incluso llegar a significar menosprecio.

Brazo estirado. Este gesto puede indicar tanto inseguridad como falta de interés en la interacción, pues mantiene al otro a distancia. Representa el impulso de resguardarse o imponerse, debido a que, por timidez o arrogancia, la persona no se permite una actitud más abierta en sus relaciones.

129

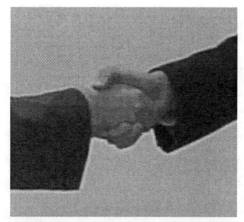

Mano ahuecada. La ausencia de contacto entre las palmas causa una extraña sensación que puede ser interpretada, según las circunstancias, como rechazo, timidez, falta de confianza o falta de compromiso. Una mano que es ofrecida en forma ahuecada está indicando un obstáculo en la relación.

Sólo dedos. El apretón en el que se toman los dedos acontece debido a que, por timidez o inseguridad, súbitamente una de las manos se retira un poco de la posición en la que se iba a producir el encuentro entre ambas. Otra posibilidad es que, por ansiedad, uno de los participantes se adelante y no deje llegar al otro.

Contacto completo. Cuando las palmas se unen, el apretón resulta cómodo y firme a la vez, y produce una sensación agradable, de mutua confianza. Es una forma de transmitir cortesía, simpatía y respeto. Es importante que las palmas se sientan frescas y secas.

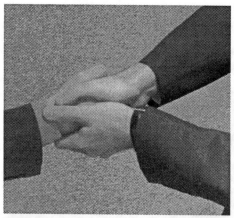

Apretón en guante. Cubrir con la palma izquierda la mano de la otra persona representa una actitud protectora, que suele acompañarse con una postura erguida y una leve sonrisa. También se utiliza como signo de felicitación o gratitud, en cuyo caso el cuerpo se inclina hacia delante y la sonrisa es más amplia.

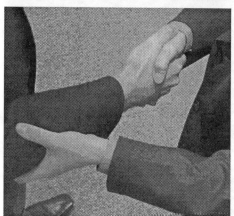

Tomar el antebrazo. Se trata de un gesto de apoyo. Cuando lo realiza un par o un superior, significa aprobación. Puede estar fuera de lugar si lo realiza alguien de menor jerarquía. Cuando ambas partes se toman el antebrazo, suele ser un gesto de apoyo mutuo, pero también puede implicar rivalidad.

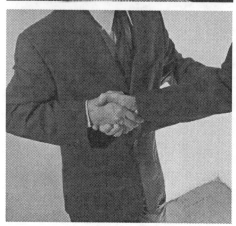

Tirar hacia sí. Tomar al otro del brazo y al mismo tiempo tirar hacia sí puede tener dos significados antagónicos: de interés, que representa el deseo de incorporar al otro al propio equipo, o de dominancia, que señala la intención de controlar la conducta ajena.

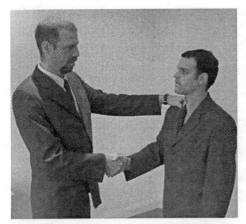

Mano sobre el hombro. Suele ser un intento de ponerse por encima del otro, aunque también se da entre amigos que comparten un estilo de carisma dominante, en cuyo caso, ambos colocan su mano sobre el hombro del otro. A veces es una forma en la que un superior le expresa apoyo a un subordinado.

Elevar el mentón. Estrecharse las manos ofrece información importante sobre la relación. La distancia implica reserva, y la ausencia de sonrisas suele señalar falta de interés. El mentón elevado indica orgullosa oposición.

Dar vuelta el rostro. El acto de dar vuelta el rostro es un resabio del gesto que realizan los bebés cuando no desean ser alimentados, y por lo tanto equivale a rechazo. Cuando se produce en el saludo es una señal de falta de interés, antipatía o soberbia.

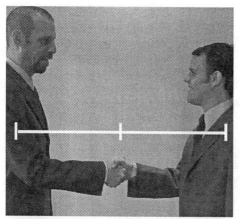

Estilo "*All American*". Simetría corporal. Las manos se ofrecen sin estirar los brazos, formando en la articulación del codo un ángulo relajado y natural, cercano a la escuadra. De este modo la distancia de relacionamiento es personal y las manos quedan unidas en el medio de ambos participantes.

Estilo "*All American*". Coincidencia en la forma perpendicular del ofrecimiento de las palmas y estrecho contacto entre ellas. Este modelo representa la aspiración ética de favorecer recíprocamente las relaciones. Es un saludo amable, y significa que se recibe al otro en pie de igualdad, sin ponerse por encima ni por debajo.

Estilo "*All American*". Expresión cordial del rostro. Las manifestaciones emocionales tienen suma importancia en todos las interacciones. Una leve sonrisa durante el acto de dar la mano indica buena predisposición. Una sonrisa más amplia demuestra alegría, da la bienvenida.

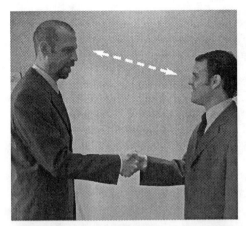

Estilo "*All American*". Contacto ocular directo. Mirar a los ojos del otro en el momento del saludo es otro rasgo importante de este estilo. Señala apertura, interés y buena predisposición. También indica extraversión, confianza en sí mismo, franqueza y proactividad.

Handshake femenino I. En la Argentina muchas mujeres aún no se sienten cómodas dando la mano. Por lo general, estiran el brazo y ofrecen una mano blanda. Los hombres tampoco saben cómo estrecharse las manos con las mujeres. Adoptar el estilo "*All American*" es la tendencia global.

Handshake **femenino II**. La influencia de los Estados Unidos y Europa en la globalización de la CNV, hace que cada vez más mujeres argentinas prefieran dar la mano al saludar, sobre todo en el ámbito laboral, y reservarse la costumbre autóctona de dar un beso para las relaciones más personales.

CAPÍTULO 7

LA CNV DE LA EMPATÍA
Y LA ASERTIVIDAD

La vocación por la comunicación empática

Debemos partir de la comprensión de que los acuerdos entre las personas surgen esencialmente de afinidades emocionales, al margen de las coincidencias de ideas y objetivos. Las personas con las que mejor encajamos son aquellas con las que sentimos armonía emocional, la que es experimentada como una sensación física de bienestar: esa es la base del *rapport*.

Que las personas no puedan llegar a acuerdos productivos se debe en una importante medida a diferencias inconscientes entre sus comportamientos no-verbales. Dichos comportamientos son el resultado de reglas culturales e individuales que pautan la expresión y percepción de las emociones. Mientras permanezcan inconscientes, estas diferencias serán irreconciliables.

Imagine que es usted un antropólogo y va a pasar una temporada con una comunidad aborigen. Nunca antes había estado allí y no domina el idioma. ¿En qué se basará para tratar de comprender lo que pasa a su alrededor? ¿Cuál será su estrategia para tratar de llevarse bien con los miembros del grupo y ser aceptado por ellos?

La respuesta reside en la CNV. Usted trataría de observar con atención los comportamientos más valorados, los imitaría y se cuidaría de realizar actos que podrían resultar ofensivos para la sensibilidad de sus anfitriones.

Esto también puede aplicarse al trato entre desconocidos pertenecientes a la misma cultura. Si nos predisponemos para conocer, comprender y actuar estratégicamente respecto de la CNV de los demás, tenemos más posibilidades de empatizar, es decir, de simpatizar en un nivel muy profundo de la comunicación humana.

Esta actitud debe fundarse en una sincera vocación por la comunicación, y debe desecharse como errónea y antiproductiva la perspectiva basada en las ventajas que pueden obtenerse por medio de la manipulación del estilo empático. En primer lugar, por un motivo ético, y en segundo lugar, porque la empatía que es sólo una pose da malos resultados. Ninguna actuación es perfecta y las filtraciones de las verdaderas intenciones causarán, tarde o temprano, sensaciones negativas en el otro, aunque este no las registre conscientemente en forma inmediata. La manipulación puede triunfar en numerosas ocasiones, pero fracasa rotundamente cuando se buscan relaciones duraderas.

Lo que debe guiar el desarrollo del carisma empático es el objetivo de ampliar nuestra capacidad de interactuar productivamente con todo tipo de personas, incluso con aquellas que son muy diferentes de nosotros, o que menos nos agradan. Al incorporar a nuestro desempeño una dimensión de superación personal basada en el dominio de nuestras emociones, haremos más gratificantes e interesantes nuestras tareas.

La CNV puede utilizarse con toda legitimidad para transmitir un estilo empático que es a la vez receptivo y proactivo. De esta forma pueden crearse mejores relaciones humanas y mejores ambientes de trabajo, disfrutar del bienestar aparejado con menores niveles de estrés y obtener resultados más perdurables.

Evitar las posturas cerradas

Para aprender la CNV de la empatía, debemos volvernos más conscientes de las posturas cerradas que adoptamos habitualmente durante nuestras interacciones con los demás. Las posturas cerradas son contrarias a la transmisión de intenciones empáticas y afectan el diálogo en un sentido de desacuerdo o rivalidad. Manifiestan barreras en la relación y la resolución de conflictos.

Las actitudes cerradas incluyen un rostro inexpresivo, arrogante o agresivo, el ceño fruncido, la elevación pronunciada de una sola ceja, una sonrisa desdeñosa y una mirada distante, apagada o fría. Indican un estado emocional negativo que puede representar un carácter hostil, competitivo, defensivo o, como caso especial, introvertido.

También exteriorizan una actitud precavida, suspicaz o crítica, mala predisposición, un estado cognitivo de desinterés, una valoración negativa o desacuerdo puntual, y una intención de insinceridad o rechazo.

Las actitudes cerradas tienen como componentes fundamentales las expresiones faciales de las emociones negativas y de los estados afectivo-cognitivos relacionados con el escepticismo.

Cuando consideramos la totalidad del cuerpo, las posturas simétricas son más cerradas que las asimétricas, pero representan un grado de reserva correcto en muchas situaciones sociales, tales como las ceremonias protocolares, las primeras entrevistas de trabajo, o ante personas mayores o de gran autoridad.

Los correlativos verbales de las actitudes cerradas son, entre otros: "No te conozco, no sé cuáles son tus intenciones", "No estoy disponible", "No quiero escucharte, no me interesa", "Estoy incómodo, me quiero ir", "No te creo", "Tengo frío, estoy cansado".

Las posturas en las que la cabeza y el tronco se mantienen alejados del interlocutor señalan el deseo de tomar distancia. Este deseo puede deberse a una necesidad de evaluar la información que se recibe o a sensaciones de rechazo.

Debemos evitar la actitud de orientar sólo la cabeza hacia el interlocutor, mientras que el resto del cuerpo apunta en otra dirección, pues esta postura constituye un comportamiento de huida, es decir, de rechazo hacia la interacción, y por lo tanto no favorece la empatía ni el *rapport*.

Cruzar los brazos también puede ser una postura cerrada. Para distinguir los casos en que se hace por comodidad de los que representan actitudes antipáticas, debemos observar los siguientes indicadores: que las manos queden ocultas o se escondan los puños, que las manos aferren los brazos o que se aprieten los brazos contra el cuerpo. Cuanto más marcados sean estos rasgos, más distanciamiento expresan.

Las formas de cruzar las piernas también pueden manifestar posturas cerradas o simplemente comodidad. Existen estilos diferentes para el hombre y la mujer.

Es muy importante notar que las formas de cruzar las piernas –o los brazos– pueden funcionar de manera especial cuando refuerzan el sostenimiento decidido de una determinada opinión. En este caso, puede representar un estado emocional positivo, en el sentido de que cerrarse para defender una convicción implica que uno no se va a mover de ese punto de vista, y confiere valor para atravesar obstáculos o sobrellevar consecuencias adversas. La expresión del rostro en este caso será diferente de la que acompaña al resto de las posturas cerradas, y podrá incluir sonrisas de asertividad.

Si hemos llegado a la decisión de no dejarnos convencer, lo más asertivo es mantenernos cerrados, y no abiertos. Pero algo muy diferente es cerrarse como forma de canalizar tensiones inconscientes de manera involuntaria, permitiendo a las emociones que se impongan sobre la percepción y nublen la capacidad de decisión.

Las personas también se cierran por timidez, reserva o introspección, no solamente por sentirse contrariadas o incómodas. Hay que considerar cuidadosamente estas posibilidades.

Cuando las manos se aferran entre sí, o de cualquier otra parte del cuerpo, constituyen posturas cerradas –que llamamos "amarres"–, y son indicadoras veraces de tensión, independientemente de que las personas pretendan mostrar calma y otras emociones positivas mediante sonrisas.

Cuando se mantienen como un patrón en una interacción, entrelazar los dedos, cruzar los brazos, y en ocasiones también cruzar las piernas, son señales y signos antitéticos de la comunicación empática.

Manifestar posturas abiertas

En la CNV de la empatía, es fundamental presentar posturas abiertas indicadoras de un estado emocional positivo: la sonrisa franca, la mirada solícita y amable, las manos y palmas a la vista, representan un carácter jovial, asertivo, extravertido. Indican buena predisposición, un estado cognitivo de atención al tema, una valoración positiva o acuerdo puntual, y una intención de sinceridad y aceptación.

Sus correlativos verbales son: "Es usted bienvenido", "Estoy disponible", "Me alegra verlo", "Me interesa lo que dice", "Soy amigable", "Confío en usted". Mantenerse abierto estimula en el otro la idea de que uno es receptivo, que no tiene nada que ocultar, que está dispuesto a escuchar, a participar.

Enfrentar a nuestros interlocutores con el cuerpo y el rostro completamente orientados en su dirección, sin cruzar los brazos ni las piernas, y realizar actos no-verbales denotativos de actitudes abiertas –tales como mostrar las palmas de las manos–, ilustrar el discurso verbal con ademanes precisos y mantener las plantas de los pies completamente apoyadas en el suelo constituyen actos no-verbales que manifiestan una actitud favorable a la comunicación empática.

Orientar todo nuestro cuerpo, como una unidad, hacia la persona con la que estamos conversando, ayuda a mantener la atención enfocada en la interacción.

La cabeza tiene una preeminencia especial respecto del resto del cuerpo, es foco de atención privilegiado. Las miradas que se dirigen hacia el rostro captan también las posturas que adopta la cabeza, e incluso sus movimientos fugaces. La cabeza tiene una elevada capacidad expresiva. La cabeza y el tronco orientados hacia delante señalan un mayor compromiso emocional.

La cabeza centrada se relaciona con el control emocional y las actitudes asertivas, mientras que ladeada hacia un hombro comunica la intención de brindar nuestra mayor capacidad de atención, de estar con la otra persona en ese momento. Es una señal de compromiso afectivo.

A todos nos gusta que las personas con las que interactuamos nos presten atención, que escuchen con interés lo que tenemos para decirles. Por el efecto de retroalimentación que tienen los gestos y las posturas sobre los propios estados emocionales y cognitivos, ladear la cabeza incrementa nuestra capacidad de interesarnos por lo que está ocurriendo.

El psicólogo inglés David Lewis, investigador del lenguaje corporal infantil, en su libro *El lenguaje secreto del niño* indica que esta postura es muy efectiva para que padres y maestros logren consolar rápidamente a un niño que llora. Ladear la cabeza tiene un efecto apaciguador sobre las emociones ajenas.

Para transmitir una imagen de sinceridad y apertura, es recomendable acostumbrarse a no ocultar las manos. Hay que estar atento para evitar que las manos permanezcan en los bolsillos, o de cualquier otro modo fuera de la vista del otro. Cuando conversamos con alguien, escritorio de por medio, debemos evitar que las manos queden ocultas por el mueble demasiado tiempo. Podemos mantenerlas a la vista gesticulando de manera moderada, así nos aseguraremos de transmitir que no tenemos intenciones encubiertas.

Existen otras posiciones de las manos que nos ayudan a relajarnos y a mantenernos empáticos y receptivos. Podemos descansar los dedos de una mano sobre la palma de la otra, o apoyar el dorso de una mano sobre los dedos de la otra, con las muñecas sobre los muslos. También se puede simplemente apoyar ambas manos abiertas sobre el escritorio, con las palmas vueltas ligeramente hacia arriba.

Otras posturas empáticas de las manos son las que se realizan uniendo delicada y relajadamente las yemas de los dedos entre sí, y que llamamos "ojivas". Las ojivas son un poderoso y positivo signo de escucha activa, y cuando hablamos, transmiten seguridad respecto del propio conocimiento. Esta postura nos muestra centrados y receptivos ante los demás.

Es muy importante tener siempre presente que las personas se muestran abiertas no sólo cuando se sienten bien o son realmente amigables, sino que también pueden hacerlo de manera engañosa con el fin de manipular y obtener ventajas.

Sincronismo postural

Los "ecos" posturales, también llamados "espejos", consisten en la realización simultánea del mismo movimiento corporal, o en la adopción de posturas similares por dos o más personas. Esta categoría de actos no-verbales indica afinidad, simpatía y afecto.

También en situaciones de conflicto o rivalidad, las personas adoptan posturas espejadas, pero son muy fáciles de distinguir de las anteriores pues la actitud general es competitiva en lugar de cordial.

El sincronismo de gestos y posturas es una metáfora de que existe un estado de armonía entre las personas. Podemos estar atentos a los ecos posturales para observar si el sincronismo acontece naturalmente, y también podemos, con el debido entrenamiento, recurrir a un comportamiento no-verbal que haga uso estratégico de este sincronismo como recurso para llegar a un entendimiento con personas que se muestran hostiles o mal predispuestas.

Si en una entrevista con alguien a quien no conocemos, observamos que esta persona se sienta con la espalda recta, en una postura rígida y simétrica, podemos comenzar adoptando una postura que sin ser tan rígida, respete la simetría como signo de formalidad. A partir de allí podemos ganar espacios de mutua confianza a través de la conversación, y cuando observemos que nuestro interlocutor rompe la simetría de su postura y se relaja, podemos estratégicamente romper nuestra propia simetría y relajarnos más. De esta forma, reconocemos y aprobamos el hecho de que el otro se haya aflojado. Así se estimula el circuito de la relajación, que es producto de la confianza mutua.

En los contextos de conversación puede observarse claramente cómo las personas se recuestan contra el respaldo o adelantan el cuerpo acompañándose mutuamente en una especie de danza. Cuando las personas copian sus respectivos movimientos están indicando un pensamiento homogéneo, un sentimiento compartido.

Si nos volvemos hábiles para observar los momentos en que emergen las emociones positivas en nuestros interlocutores, podremos apoyar esas emociones respondiendo conscientemente en forma acorde, y favorecer así las posibilidades de empatía.

Se debe tener sumo cuidado al utilizar el comportamiento no-verbal sincrónico como estrategia, pues si el otro llega a sentirlo como algo forzado o sobreactuado, sus efectos serán contraproducentes.

El sincronismo postural indica un mayor nivel de intimidad entre los sujetos que están interactuando, pero como ya se dijo, también nos copiamos mutuamente los gestos cuando hay una escalada en el nivel de confrontación.

El reconocimiento temprano de estas situaciones de conflicto es muy importante para el apaciguamiento estratégico de las actitudes agresivas. Cuando detectamos en el otro posturas no-verbales cerradas, debemos cuidarnos de no espejarlas. Debemos espejar sólo las posturas representativas de las emociones positivas.

En los casos en que tenemos que enfrentarnos con actitudes y estilos muy competitivos y confrontadores, un comportamiento no-verbal neutro de atenta expectativa, en el que se reducen al mínimo las expresiones emocionales, y se responde con tono de voz modulado y ritmo lento, o simplemente se hace silencio, suele ser una buena estrategia disuasoria.

La falta de respuesta, tanto en el sentido del temor como en la devolución de la agresión, induce en el provocador un lapsus cognitivo y no sabe qué hacer a continuación. Cuando captamos ese momento de desorientación en el que se reduce el nivel de rechazo por la interacción, podemos intentar un acercamiento positivo con el discurso y el comportamiento no-verbal.

Con el tiempo desarrollaremos nuestra habilidad de espejar las posturas ajenas, tales como el estilo en las formas de sentarse y sus cambios durante la conversación. Muchas veces las personas difíciles ceden ante la sensación de estar frente a alguien que se les parece o piensa como ellos, lo que puede ser transmitido gracias a esta estrategia no-verbal.

Expresión facial de la empatía

El rostro es la pantalla para la expresión de los estados afectivo-cognitivos, es el foco principal de la atención de los demás. En él se muestran las alteraciones producidas por los cambios fisiológicos correspondientes a las emociones, como el enrojecimiento debido a la vergüenza, el estallido de ira o la excitación, y la palidez de la primera etapa del enojo, y también del temor. La sudoración se hace visible en la frente cuando se alcanzan niveles elevados de nerviosismo, que pueden deberse a estados emocionales como el pudor, cognitivos como la confusión, y otros.

Los gestos que realizamos con los ojos, las cejas y la boca tienen la capacidad de transmitir nuestra intención de empatizar o nuestra falta de voluntad al respecto. El comportamiento ocular, las sonrisas y la sintonía emocional de la expresión facial son componentes fundamentales en la CNV de la empatía.

Para favorecer una comunicación empática entre desconocidos se debe mirar con atención al interlocutor, pero sin fijar la mirada en sus ojos indiscriminadamente. Un buen consejo para poder sostener una mirada atenta que no resulte invasora, es mirar a una zona ampliada de los ojos que incluya desde la frente a la punta de la nariz.[1]

Mirar directamente a los ojos debe reservarse para los momentos que requieren una intensificación del efecto emocional, valorativo e intencional de nuestro discurso, como por ejemplo, cuando se especifican las situaciones que

---

1. Fuente: Pease, Alan: *El lenguaje del cuerpo*. Ed. Planeta, Buenos Aires, 1986.

no son negociables, se hace una promesa, o se expresan sentimientos u opiniones muy importantes.

Mantener un elevado nivel de contacto ocular, durante por lo menos el 50% del tiempo que dura una conversación, contribuye a apaciguar las emociones que causan tensión.

Debemos aprender a expresar una actitud de interés, pero poniendo cuidado en no cohibir con una mirada excesivamente penetrante, pues llegaría a ser interpretada como inquisidora, y llevaría al otro a adoptar una actitud defensiva.

Con nuestra mirada podemos trasmitir cierta aura de calidez, que no equivale a parecer cándidos, pues ser empáticos no significa perder la objetividad. Inversamente, una intención amable transmitida por una mirada acorde ayuda a que nuestra objetividad no se transforme en rigidez o altanería.

La expresión facial de la empatía requiere también de un tipo especial de sonrisa. Las sonrisas de alegría son uno de los gestos más poderosos para atraer la buena voluntad de los demás, pero su dificultad para la CNV aplicada reside en que es imposible de actuar.

Ante esta situación insoslayable, se puede apelar a otro tipo de sonrisas, a las que llamamos afiliativas, que sí se pueden producir voluntariamente en forma legítima y sincera: son las que transmiten que la presencia del otro es percibida como un hecho agradable.

Sintonía emocional de la expresión facial y escucha activa

Lo importante para seleccionar el tipo de expresión que adoptaremos con el objeto de proyectar nuestra intención empática es observar el estado de ánimo del interlocutor. La sintonía emocional de la expresión facial es una de las herramientas más poderosas que existen para generar empatía.

Si el interlocutor se encuentra apesadumbrado, podemos hacer una sonrisa triste, que se logra elevando y juntando los extremos interiores de las cejas al tiempo que se elevan levemente las comisuras de los labios.

Las sonrisas melancólicas pueden ser utilizadas como señal empática ante el relato de los sufrimientos ajenos. Con ellas la persona revela que es consciente de las dificultades de la vida y que le despiertan compasiva aceptación.

Si el interlocutor está perturbado y se muestra agresivo –adelanta la mandíbula, aprieta los dientes o frunce el ceño–, es preferible no sonreír, sino adoptar una actitud neutral de atentividad, hasta que se observe alguna señal de que su estado de ánimo está cambiando. Hay que cuidarse de no aparecer uno mismo enojado, pues esto favorece una escalada en el circuito de los impulsos agresivos. Además, el enojo es antitético de la proactividad y la resolución de problemas.

Traspasado cierto umbral, ya no es posible resolver el conflicto racionalmente y la confrontación se vuelve inevitable, a causa de mecanismos genéticos involuntarios estimulados por la secreción de adrenalina.

Ante situaciones en las cuales el estado afectivo del interlocutor está relacionado con la ira, es una excelente estrategia enfrentarlo con un rostro sereno, es decir, relajado, y mantener una actitud receptiva y firme a la vez.

Manifestar interés y comprensión respecto de los deseos o problemas de nuestros interlocutores es uno de los motores de la empatía más poderosos que existen. En este sentido, la CNV nos enseña cuáles son los comportamientos no-verbales de la "escucha activa".

Algunas personas no brindan suficiente feedback acerca de sus procesos cognitivos y esto produce ansiedad a sus interlocutores. "¿Estará entendiendo lo que digo?", solemos preguntarnos ante quienes no emiten indicadores de receptividad.

Los más importantes para la CNV son aquellos actos que prueban que se ha entendido lo que se acaba de oír y los que demuestran que se está llevando a cabo la evaluación de lo escuchado. Debemos acostumbrarnos a realizar movimientos de asentimiento con la cabeza al final de cada frase del otro, correlativos del "sí" verbal.

Los signos que indican la marcha de procesos cognitivos de atención, correspondientes a una intención de compromiso, tales como una leve presión del dedo índice sobre la mejilla o la sien, también son importantes. Acercar la cara al otro, inclinándose hacia adelante, es otra manera de demostrar interés.

Cualidades asertivas de la voz y la enunciación

Las cualidades de la voz tienen una enorme influencia en nuestras reacciones emocionales y valoraciones. Voces ásperas, demasiado agudas o chillonas, y un volumen innecesariamente elevado pueden irritar. Un ritmo de enunciación demasiado veloz muestra excitación o nerviosismo, mientras que un ritmo lento transmite tristeza o apatía.

Lo ideal es mantener una dicción modulada, con tono, volumen y ritmo controlados. Aceleraremos el ritmo y aumentaremos el volumen cuando queramos transmitir entusiasmo, y reduciremos estas variables cuando nuestro objetivo sea comunicar información racional.

Un volumen de voz moderado y una dicción perfecta tienen una gran influencia persuasiva, y son interpretados inconscientemente como signos de asertividad. Pensemos nada más en la locución publicitaria, y en el hecho de que muchos comunicadores mediáticos que son ejemplos de estas cualidades conquistan la confianza de las audiencias.

Las cualidades de la voz se alteran con las emociones y,

a la inversa, mantener la voz bajo control ayuda a regular las emociones.

Contacto físico

Tocar a las personas con las que interactuamos es un comportamiento muy habitual entre los miembros de las culturas latinas, aun entre desconocidos. Si uno siente que se ha generado un clima de cordialidad y entendimiento, puede reforzarlo a través de un comportamiento de contacto cuya intención sea comunicar apoyo moral y afectivo.

La parte ideal del cuerpo para transmitir este tipo de apoyo es el antebrazo. Lo importante es enfocarnos en que el contacto transmita calidez y honestidad. Un breve pero firme contacto de este tipo es capaz de derribar resistencias y eliminar dudas.

Pero se debe ser muy cuidadoso y no utilizarlo indiscriminadamente, o como parte de una costumbre que se ha vuelto mecánica, como ocurre con numerosos vendedores que de esta manera logran un efecto adverso.

Estructuración no-verbal del diálogo

En las conversaciones de la vida cotidiana nos expresamos corporalmente a través de ciertos comportamientos que constituyen los comunes denominadores de los intercambios exitosos y de los que fracasan.

Los intercambios exitosos son los de colaboración y mutuo entendimiento, tanto aquellos en los que se trabaja a la par, como aquellos en los que las órdenes son emitidas y aceptadas en forma fluida. Estos intercambios generan estados anímicos positivos. Consideramos fracasos a los intercambios competitivos en los que no es posible llegar a un acuerdo, y son causa de frustración.

En los diálogos de colaboración se presenta un patrón de gestos que tienden a crear empatía y establecer rapport. La estructuración no-verbal del diálogo exitoso y la persuasión natural está compuesta por posturas y gestos que favorecen el intercambio informativo y transmiten una imagen de receptividad, credibilidad, seriedad, sinceridad, seguridad, confianza, racionalidad, reciprocidad y proactividad.

Este tipo de estructuración no-verbal del diálogo se caracteriza por las actitudes serenas, atentas y básicamente abiertas, mientras que en la estructuración no-verbal de las conversaciones que fracasan, predominan las actitudes nerviosas, distraídas y cerradas.

Estrategia dialógica

En el discurso verbal y la expresión no-verbal, hay muchos procesos mezclados: sentimientos, emociones, objetivos racionales, datos, ideas, evaluaciones. Cada segmento del discurso puede tener una adaptación dialógica que refuerce el sentido de lo que queremos comunicar y las posibilidades de crear empatía de una manera asertiva.

Por ejemplo, si a pesar de que alguien se manifiesta verbalmente de acuerdo, uno lee una emocionalidad negativa en sus expresiones no-verbales, puede abrir el juego y preguntar: "¿Hay algo que le gustaría aclarar? ¿Tiene alguna duda u objeción respecto de lo que estamos conversando?".

Supongamos que en una situación de negociación, mientras uno habla, la otra persona realiza un gesto de introspección súbita, como mirarse las uñas, que significa que se ha desconectado momentáneamente de la situación. Debemos preguntarnos por qué sucede: "¿Lo que oyó no lo convenció? ¿Algo le molestó?".

Si uno nota que la persona se desconecta o hace gestos relacionados con la duda, como rascarse la sien, sospechará

149

que algo ha sentido pero no lo ha expresado verbalmente. Entonces se puede hacer una pausa y preguntar: "¿Tiene alguna duda sobre este tema? ¿Está usted de acuerdo?".

De igual manera nos preguntamos por qué la persona con la que interactuamos realiza tal gesto o adopta tal postura: "¿Será por algo que dije? ¿Será por algo que tiene en mente pero no dice?".

Según los objetivos de la negociación, las partes pueden estar muy interesadas en omitir información con el objeto de no dar a conocer sus verdaderas intenciones. Por ejemplo, para obtener una rebaja en el precio, se puede aparentar indiferencia. Para estimular una decisión de compra, es corriente que se mienta acerca de la existencia de otros interesados o de la escasez de un producto.

Estar siempre predispuesto a percibir lo que le está pasando al otro es una gran ventaja, aunque al principio es difícil confiar en lo que percibimos a través de la CNV más que en las palabras, y actuar en consecuencia.

Al mismo tiempo, muchas veces no somos conscientes de lo que estamos sintiendo, de modo que nuestras emociones permanecen ignoradas para nosotros mismos mientras se desencadenan y fluyen de un estado a otro. Sin embargo, al percatarnos de que estamos haciendo determinado gesto o adoptando determinada postura, podemos empezar a generar una mayor inteligencia emocional.

Cuando uno repentinamente se da cuenta de los gestos que está realizando, debe preguntarse, por ejemplo: "¿Por qué me elevé la ceja con el dedo? ¿Por qué me rasqué el cuello?". Ambos son actos no-verbales cuyo significado está relacionado con la duda o la incredulidad, es decir, forman parte del complejo afectivo-cognitivo que denominamos escepticismo. "¿Será que realmente yo mismo no creo en lo que estoy diciendo?" Esta nueva conciencia nos permite reflexionar más profundamente y modelar nuestra CNV en forma estratégica.

Expresión cerrada del rostro I. Combina de manera atenuada un rasgo de desprecio –la elevación unilateral de la comisura de la boca–, cejas bajas y una mirada dura –que manifiestan enojo– y el acercamiento de los extremos internos de las cejas que denota concentración desafiante.

Expresión cerrada del rostro II. En este caso el rasgo de desprecio muestra mayor intensidad, pues la elevación de la comisura es más pronunciada. Se suma el alzamiento de una sola ceja, que es señal de escepticismo. Esta combinación resulta en una expresión más cerrada que la anterior.

Expresión cerrada del rostro III. El cambio en la fisonomía expresa la represión de impulsos agresivos, que se manifiesta en la boca con un marcado rasgo de enojo: los labios bien apretados. La persona está haciendo esfuerzos por mantener sus emociones negativas bajo control.

Postura cerrada de brazos cruzados I. Los cruces en los que una mano queda a la vista suelen ser adoptados por comodidad, y por lo tanto, no conllevan necesariamente un contenido emocional negativo. Igual, son posturas menos empáticas que aquellas en las que el torso queda más expuesto, que es una señal de apertura.

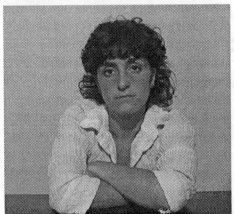

Postura cerrada de brazos cruzados II. En este cruce, ambas manos quedan ocultas a la vista del otro, lo que señala una valoración negativa de la interacción o de algún contenido específico del diálogo. Representa una actitud claramente cerrada, que es remarcada por la posición del torso echado hacia delante.

Postura cerrada de brazos cruzados III. A la situación descrita arriba, se le suma una expresión facial de desprecio, que transmite escepticismo y superioridad. Representa una actitud aún más cerrada que la anterior. Algunas personas adoptan posturas intimidatorias de manera habitual, como parte de un estilo dominante.

Postura cerrada de brazos cruzados IV. Exhibir el pulgar es una postura de autoafirmación típicamente masculina. Puede mostrar la defensa de una posición o desacuerdo. El tronco echado hacia atrás, la expresión sutil de enojo en la boca y los párpados caídos son indicadores de rechazo.

Postura cerrada de brazos cruzados V. Los brazos se mantienen apretados contra el cuerpo, y las manos quedan completamente ocultas. El torso se echa hacia atrás y el rostro exhibe una expresión seria y una mirada dura. Señala mala predisposición, valoración negativa y rechazo.

Postura cerrada de brazos cruzados VI. Esta es una clara señal de mala predisposición. La persona aleja el cuerpo, rehusando la interacción. A esto se suma el acto de empujar la mejilla con la lengua, análoga al acto infantil de no tragar la comida, que es la expresión de una valoración negativa.

Postura cerrada de nerviosismo I. El amarre de dedos entrelazados y fuertemente apretados indica un estado de tensión que contradice la expresión sonriente del rostro. En este caso, debemos diagnosticar que el estado emocional dominante es de tensión, aunque la sonrisa pretende enmascararlo.

Postura cerrada de nerviosismo II. Cuanto más cerca del rostro se realiza el amarre de los dedos entrelazados, mayor es la tensión. Este estado de nerviosismo o ansiedad es aún más intenso cuando puede observarse que los nudillos se ponen blancos debido a la presión que ejercen los dedos entre sí.

Postura cerrada de nerviosismo III. El amarre del antebrazo, que llamamos "en 4", señala un estado emocional conflictivo debido a que la persona se siente expuesta y desearía no estarlo. Puede realizarse tanto por el frente del cuerpo como por la espalda. Denota sensaciones de desprotección.

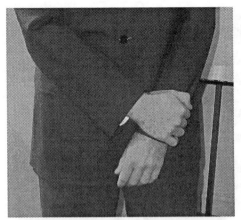

Postura cerrada de nerviosismo IV. El amarre de muñeca también implica un estado de tensión y la pulsión de autocontrol. La persona se siente demasiado expuesta y no puede relajarse. Esto ocurre muchas veces cuando se está frente a otras personas y no se sabe qué hacer con las manos.

Postura cerrada de nerviosismo V. El amarre que llamamos "hoja de parra" es muy habitual en situaciones de espera, frente a personas desconocidas, o cuando se debe hablar en público. No constituye una postura asertiva, sino defensiva. Señala la incomodidad de sentirse demasiado expuesto.

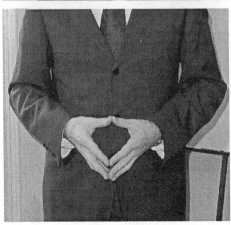

Postura abierta de manos I. Los amarres descritos arriba pueden fácilmente transformarse en una postura que llamamos "ojiva". Este tipo de postura señala y provee serenidad. Podemos realizarla cuando nos hallamos de pie, pues es útil para canalizar la tensión que causa exponerse a los demás.

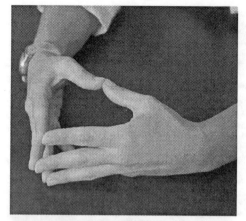

Postura abierta de manos II. Las ojivas combinan dos formas básicas: una redondeada que simboliza receptividad, y una aguda que simboliza proactividad. Las ojivas nos ayudan a mantenernos calmos, atentos y receptivos a lo que nos quieren comunicar. También es útil cuando se explica algo.

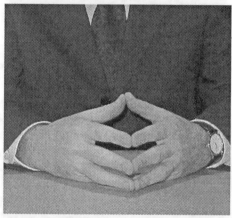

Postura abierta de manos III. Las ojivas revelan aplomo y asertividad. Confieren autoridad a lo que se dice. Adoptamos inconscientemente esta postura cuando sabemos de qué estamos hablando y cuando prestamos atención a lo que estamos escuchando. También indica imparcialidad.

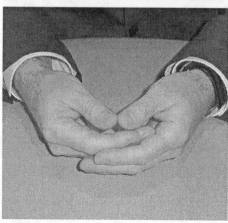

Postura abierta de manos IV. En la postura de manos en reposo los dedos y las palmas están relajados. Señala conexión con uno mismo. Transmite calma y una confortable sensación de seguridad. Puede alternarse con los distintos tipos de ojiva, para recibir reclamos o escuchar problemas.

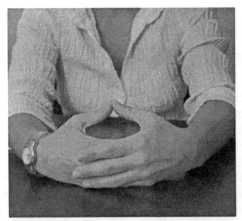

Postura abierta de manos V. Las ojivas se realizan con las yemas de los dedos en suave contacto. Pero también se pueden incluir en esta categoría a aquellas en las que los dedos de una mano se apoyan sobre los de la otra y forman una postura de autoafirmación menos permeable.

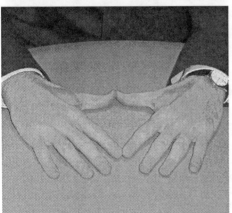

Postura abierta de manos VI. Podemos formar una ojiva sobre la mesa extendiendo las palmas sobre ella y uniendo sólo los dedos pulgares e índices en forma de triángulo. En este caso, la exposición de los dorsos de las manos tiene una connotación asertiva más dominante.

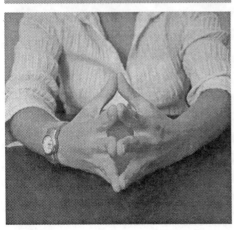

Ojiva cerrada. Cuando los dedos aparecen estirados y rígidos, el significado de receptividad y asertividad se pierde, y predomina la tensión. Es interesante que ante una pregunta, a veces se hacen los movimientos para realizar una ojiva, que se desarma inmediatamente. Este gesto significa duda.

157

Ojiva de encubrimiento. Es usual que la ojiva hacia arriba se utilice como un intento de transmitir seguridad respecto de lo que se está argumentando, cuando en realidad se tienen dudas. Denota que la persona trata de salir del paso, de desentenderse de aquello sobre lo que se le está preguntando.

Postura abierta de veracidad. El gesto de señalar el corazón refuerza la idea de que se es sincero, o de que algo es importante para el que habla. La actitud de repetir este gesto a lo largo de una conversación comunica que uno se siente comprometido con una posición, creencia o valor.

Postura abierta de buena predisposición. La palma abierta hacia adelante es un símbolo de invitación. La expresión serena y apenas sonriente es una señal asertiva de apaciguamiento, que tiene la intención de minimizar conflictos. Nótese que la otra mano también está expuesta.

Ejemplo de interacción I. Quien habla presenta su argumento utilizando una postura abierta. Las palmas expuestas muestran una actitud sincera, reforzada por la mirada directa a los ojos. La postura de quien escucha es cerrada: sus brazos cruzados y apoyados sobre el escritorio forman una barrera.

Ejemplo de interacción II. Quien escucha ha cambiado de postura, descruzando los brazos y llevando el cuerpo hacia atrás. Realiza un acto de evaluación que consiste en frotarse el mentón. Quien habla ladea un poco más la cabeza buscando generar comprensión y transmitiendo una intención empática.

Ejemplo de interacción III. La ojiva por parte de quien escucha muestra atención y receptividad. Una leve sonrisa es una buena señal de entendimiento. Los troncos y las cabezas hacia adelante forman una campana de intensa comunicación. Es el mejor momento para acercar posiciones.

159

Ejemplo de interacción IV. La palma expuesta acompaña una explicación llamando la atención sobre la propuesta. El dedo índice apoyado sobre la mejilla de quien escucha es un signo de atención. La otra mano adopta una postura congelada que denota intensa concentración.

Ejemplo de interacción V. El ladeamiento de la cabeza junto con el gesto típicamente femenino de exhibir el cuello, representa un aumento del interés, pues es una forma no-verbal de expresar disponibilidad. Este tipo de momentos de la interacción son propicios para avanzar hacia un acuerdo.

Ejemplo de interacción VI. El gesto femenino de exhibir la cara interna de la muñeca es análogo a la exhibición del cuello y denota apertura y buena predisposición. El entendimiento mutuo se refleja en el sincronismo emocional positivo manifestado por el contacto visual directo y las sonrisas.

LA CNV
Y LA INTELIGENCIA EMOCIONAL

El objetivo del entrenamiento en CNV es contar con nuevas herramientas para resolver problemas y crear contextos emocionales positivos. Nuestro enfoque sobre la aplicación de la CNV ayuda a desarrollar la capacidad para evitar conflictos y establecer relaciones productivas. El conocimiento de la CNV es un camino para comprender mejor a los demás y para manifestarnos estratégicamente.

Cuando estudiamos la CNV y nos entrenamos para utilizar sus códigos, surgen las siguientes cuestiones: ¿cómo resulta afectada la naturalidad del comportamiento? ¿En qué consisten las relaciones entre el ser auténtico y la imagen ofrecida?

No se trata de modificar la conducta para ser de una determinada manera, sino que lo conveniente es manejar el repertorio de actos no-verbales más amplio y preciso posible. Cuanto más desarrollemos este repertorio, más adaptables seremos a los ambientes cambiantes, y más efectiva será nuestra comunicación.

La CNV ofrece herramientas para desarrollarnos en el camino de ser y parecer lo mejor de nosotros mismos. De manera similar al cuidado que ponemos en no utilizar palabras inadecuadas, podemos reemplazar aquellos comportamientos no-verbales que no cumplen ninguna función positiva, por otros más beneficiosos.

Existe también la posibilidad de utilizar la CNV con fines manipuladores. Efectivamente, a través de la puesta en escena de signos no-verbales de decodificación inconsciente, podemos enviar un mensaje de aprobación como eficaz camuflaje del rechazo que sentimos en realidad. También podemos proyectar un aura de asertividad para reemplazar momentáneamente nuestras emociones de inseguridad, o exhibir una apariencia de empatía e interés que disfrace nuestras intenciones engañosas.

Sin embargo, el sentido profundo, inteligente e incluso terapéutico de la CNV consiste en mejorar nuestra percepción y comprensión de las emociones, ayudarnos a regular nuestro estrés, evitar comportamientos que perjudican la comunicación, y hasta prevenirnos contra quienes intentan engañarnos.

El aprendizaje de la CNV nos permite mejorar aspectos del comportamiento relacionados con estados afectivos negativos, como la inseguridad, la agresividad y el desprecio; y también con los positivos, como el bienestar, la confianza y la empatía.

Daniel Goleman, en su libro *La inteligencia emocional*, reconoce la importancia de la CNV en la emisión e interpretación de las emociones: "Las emociones de la gente rara vez se expresan en palabras; con mucho mayor frecuencia se manifiestan a través de otras señales. La clave para intuir los sentimientos del otro está en la habilidad para interpretar los canales no-verbales (…) Así como la mente racional se expresa a través de palabras, la expresión de las emociones es no-verbal".

---

1. Goleman, Daniel: *La inteligencia emocional.* Vergara Editores, Buenos Aires, 2000.

Los estados emocionales expresan lo más básico de nuestra conciencia. Nuestra experiencia vital, nuestra capacidad de percepción y raciocinio, están continuamente teñidas por el tono que les da nuestro estado emocional en cada instancia.

Las emociones ejercen una presión fisiológica y psicológica que es canalizada directamente a través de movimientos corporales. La necesidad de expresión corporal del ser humano nunca cesa: los signos y señales no-verbales constituyen un lenguaje a través del que expresamos nuestras emociones en forma constante.

Sobre la base de estudios científicos, Goleman puede afirmar que las habilidades no-verbales para la interpretación de las emociones y los sentimientos aportan beneficios a sus poseedores: "En pruebas llevadas a cabo con más de siete mil personas en Estados Unidos y en otros dieciocho países, los beneficios de ser capaz de interpretar los sentimientos a partir de pistas no-verbales incluían el estar mejor adaptados emocionalmente, ser más populares, más sociables, y –tal vez lo más sorprendente– más sensibles".[2]

Este libro está dirigido a estimular y fortalecer la conciencia de que los comportamientos no-verbales desempeñan un papel crítico en el proceso total de la comunicación, y que su conocimiento y aplicación inteligente ayuda a comunicarnos mejor.

Las habilidades en CNV constituyen un tipo especial de inteligencia emocional.

---

2. Goleman, Daniel: *op. cit.*

GLOSARIO FOTOGRÁFICO DE GESTOS Y POSTURAS

Desilusión, desasosiego, contrariedad inesperada. Apoyar la palma de la mano contra el costado de la cara es una manifestación de gran preocupación. Lo hacemos cuando recibimos una información desagradable. Puede acompañarse con la expresión facial de la sorpresa: boca semiabierta y cejas elevadas.

Angustia, abatimiento. Pasarse la mano sobre los cabellos, desde la frente hacia la nuca, mientras se inclina la cabeza hacia adelante, es un gesto que denota la toma de conciencia de la existencia de problemas. Manifiesta angustia ante una situación difícil de resolver. También lo realizan quienes se sienten exhaustos.

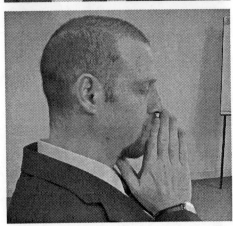

Preocupación. Cuando las manos de juntan como en el emblema de ruego y los dedos índices se apoyan sobre los labios, tocando la punta de la nariz, se está evaluando un problema que se considera difícil y genera preocupación. Una variante se realiza entrecruzando los dedos de ambas manos.

Angustia. Cuando los extremos interiores de las cejas se elevan y se juntan en el centro de la frente, forman en conjunto una expresión de tristeza, temor y preocupación. Los hechos que han provocado esta expresión son experimentados como angustiantes, o se espera con resignación un mal resultado.

Pesimismo. En este caso, el fruncimiento del ceño y la tensión en las cejas producen marcadas ondas y notorias arrugas en el centro de la frente. Esta expresión refleja pensamientos de impotencia: se cree que nada puede hacerse para cambiar la situación.

Resignación. La presencia de sufrimiento o la falta de esperanza, características de este estado, también puede ser señalada por un patrón de miradas dirigidas "al vacío" o que deambulan por el entorno. Se las llama comúnmente "miradas perdidas", y en ellas los ojos están opacos, sin brillo.

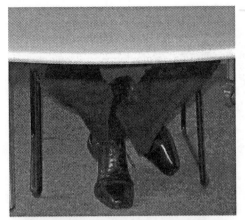

Incomodidad, tensión. Cuando estamos sentados, cruzar los tobillos indica reserva, timidez o incluso aflicción. Por el contrario, mantener los pies bien apoyados en el piso, ayuda a adoptar una postura centrada que se exterioriza a través del resto del cuerpo, y transmite mayor asertividad.

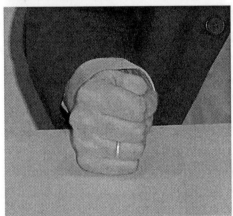

Incomodidad, nerviosismo. Tanto para el hombre como para la mujer, el pulgar está cargado con el concepto que la persona tiene sobre su yo, sobre su ego, es decir, con la idea que tiene de sí misma. Ocultar el pulgar dentro del puño señala la incomodidad de sentirse demasiado expuesto.

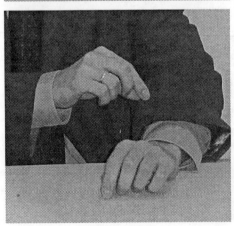

Incomodidad, ansiedad. Sacarse pelusa de la ropa, tanto real como imaginaria, es un acto que realizamos inconscientemente cuando experimentamos fuertes sensaciones de malestar emocional. Este acto de introspección súbita suele aparecer al tener que responder una pregunta embarazosa.

Estupor. Las marcadas arrugas paralelas en la frente producidas por una elevación pronunciada de las cejas suelen aparecer cuando se recibe una imputación o una pregunta difícil. Puede señalar indignación, real o fingida, y en este caso denota que la persona no se hace responsable, o no tiene una respuesta clara.

Perplejidad. Si los dedos pulgar e índice enmarcan la boca, el estado cognitivo representado es la perplejidad. Quien realiza este gesto no comprende completamente lo que está viendo o escuchando, o se encuentra indeciso acerca de lo que debe hacer. Suele combinarse con la expresión de estupor.

Perplejidad. Presionar el labio inferior con el índice y el pulgar, haciéndolo protuberar, es un gesto inconsciente que se realiza cuando se evalúan diferentes opciones y no se sabe por cuál decidirse. También aparece cuando se duda sobre qué decir a continuación.

169

Contradicción, duda. El gesto de rascarse el cuello detrás de la oreja indica que se experimenta una contradicción interna. Puede ocurrir cuando el recuerdo de un suceso no corresponde a lo que se está narrando. También puede expresar duda acerca de la veracidad de lo que se oye.

Duda, inseguridad. Rascarse la cabeza es uno de los gestos típicos de vacilación o confusión. Los lapsus de los procesos cognitivos se expresan a través de una súbita picazón en la cabeza, producto del nerviosismo que conlleva encontrar un obstáculo en el curso del pensamiento.

Abatimiento. Llevar los labios hacia adentro y presionar las comisuras como en el desprecio es señal de un estado afectivo de renuncia, como por ejemplo, el que desata ser confrontados con un problema al que no encontramos solución, y se cree que ya nada más puede hacerse.

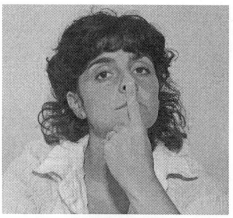

Rechazo, molestia. Taparse la boca con el dedo índice, apoyando la yema en la punta de la nariz, es un gesto que puede aparecer cuando se reprime la expresión de pensamientos críticos. Suele acontecer cuando se evalúa negativamente las ideas expresadas por otra persona en una conversación.

Autocensura, pensamientos críticos. Taparse la boca presionando fuertemente con la palma de la mano, es un acto de autocontrol, para no responder en forma inmediata. Esto ocurre cuando experimentamos el deseo de expresar una visión contraria, pero no lo consideramos conveniente.

Evaluación, indecisión, inseguridad. Llevarse un objeto a la boca (la patilla de los anteojos, un lápiz), y morderlo es un signo de indecisión. Quien lo realiza se encuentra en una encrucijada cognitiva: está evaluando y no ha llegado a una conclusión, o está buscando la respuesta apropiada, o se siente inseguro.

171

Concentración. La punta de la lengua asoma levemente entre los labios cerrados. Puede apoyarse sobre el labio superior o inferior. Este acto espontáneo es señal de un intenso proceso cognitivo de atención concentrada. Indica el deseo de la persona de que no se la interrumpa, y de que se la deje reflexionar.

Atención. Reflexión. Cuando el dedo índice toca la sien señala que la persona está evaluando objetivamente, y reflexionando sobre lo que escucha. Este gesto, acompañado de una mirada de atención, proyecta una imagen de racionalidad y profundidad de pensamiento.

Tensa reflexión. Cuando el dedo presiona formando pliegues en la piel, es señal de que la persona está evaluando una situación como difícil. Masajearse la sien con la yema de los dedos representa la existencia real de una jaqueca, o de algo que se percibe como complicado o problemático.

Frustración. Tocarse la nuca es un resabio del gesto infantil de frustración, que comienza con la intención de dar un golpe pero se interrumpe sin descargar la agresividad, y el puño queda suspendido detrás de la cabeza. Como adultos, cuando algo nos molesta culminamos este acto tocándonos la nuca.

Cansancio, aburrimiento, desinterés. Cuando los párpados superiores caen, puede leerse una clara señal de cansancio, aburrimiento o desinterés. Sin embargo, a veces pasa inadvertida por la falta de costumbre de observar los ojos de las personas. La cabeza apoyada sobre la mano subraya este significado.

Desinterés, introspección súbita. El gesto de mirarse las uñas es un signo de desconexión del entorno. Puede deberse a un estímulo externo, o sea, algo que se ve o escucha y produce inhibición o rechazo; o a un estímulo interno, un pensamiento que se cruza por la mente y absorbe la atención.

173

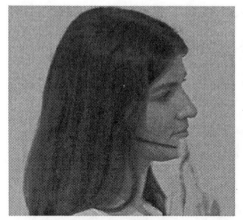

Interés, autoconsolación. Las mujeres realizan el gesto de tocarse, acariciarse y jugar con el cabello cuando están interesadas por algo o alguien, y también como autoconsolación cuando experimentan leves sentimientos de tristeza. Este acto provee sensaciones placenteras.

Interés. El lóbulo de la oreja recibe mayor flujo sanguíneo cuando un estímulo provoca excitación. Tocarlo o acariciarlo es indicio de atracción. Este gesto inconsciente representa acuerdo y aprobación. En la foto, la dirección de la mirada indica que el estímulo está en el propio pensamiento.

Interés, aprobación. Cuando algo nos produce placer, prolongamos esa sensación con la autoestimulación de áreas sensibles del cuerpo. Los labios son una de estas zonas, de modo que cuando una persona se toca o acaricia el labio inferior, podemos leer interés por el estímulo presente.

Interés, atención. El acto de ladear la cabeza indica atención, cordialidad y cálida intención que predispone el buen trato. Cuando se realiza en forma súbita significa que algo ha llamado poderosamente la atención. Como postura, es parte del carisma empático y es básica para la escucha activa.

Aprobación, placer frente a un estímulo. El gesto de llevar ambos labios hacia adentro (como en el acto femenino de pintarse los labios), se puede interpretar como una señal de aprobación, aun si es acompañado por una expresión neutral. Representa el acto de saborear algo agradable.

Placer frente a un estímulo, aprobación. Estirar los labios hacia adelante como en un beso evoca el gesto del bebé que mama. Realizamos inconscientemente este gesto cuando experimentamos agrado. Si la expresión facial incluye una mirada alegre o atenta, es una señal de gran interés.

175

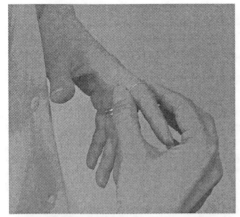

Excitación, interés. Jugar con el anillo representa un aumento de la agitación nerviosa, excitación o gran interés. Suele hacerse en situaciones de evaluación positiva del atractivo de algo o alguien, pero también puede ser simplemente un gesto que canaliza un aumento de la tensión corporal.

Interés, seducción. Al exhibir la cara interna de la muñeca se deja ver una parte del cuerpo que normalmente está oculta. Es un gesto típicamente femenino de atención, interés y aprobación. Acompañada de sonrisas y miradas congruentes es una postura seductora y puede ser una invitación al cortejo.

Aprobación. Jugar con la patilla de los lentes o con una lapicera sobre los labios representa un acto de auto estimulación, resultado de un estado de atención y una valoración positiva de aprobación. Esta aprobación puede estar orientada hacia otro o hacia uno mismo. Puede ejercerse con ánimo de seducción.

Rechazo. Pasar la punta del índice por la comisura de los labios es un gesto que se realiza inconscientemente, análogo a limpiarse un resto de comida. Señala el deseo de deshacerse de algo que incomoda, y es una señal de valoración negativa de un estímulo, por ejemplo, algo que se acaba de escuchar.

Rechazo. Las expresiones faciales de disgusto están relacionadas con la sensación de náuseas, y se asemejan a los movimientos relacionados con la acción de vomitar. La boca se tuerce, se entreabre asimétricamente y el labio inferior se relaja y cae. Es una clara señal de fuerte oposición.

Desacuerdo, desaprobación, sentimientos negativos. Frotarse la nariz es un gesto inconsciente ante la experiencia de sensaciones negativas. Cerrar las fosas nasales con el pulgar e índice indica que se está reflexionando sobre un problema. Conlleva el agregado de que se percibe o intuye que "algo huele mal".

Impulsos agresivos. Frotarse los nudillos del puño con los dedos de la otra mano señala fuerte rechazo y desaprobación. Estos impulsos agresivos tienen su máxima expresión cuando distraídamente se golpea con los nudillos una superficie. También puede indicar frustración.

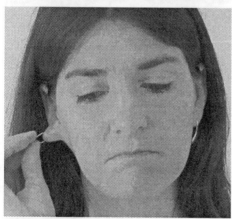

Incomodidad. Tirar de la oreja, introducir un dedo o rascarse la oreja son gestos que canalizan sensaciones de molestia, usualmente relacionadas con lo que se acaba de escuchar. Por ejemplo, una pregunta que no se quiere contestar. Señalan el deseo de librarse de la situación.

Acecho. El acto de mirar inclinando la cabeza hacia adelante, con la frente como "visera", es análogo a proteger los ojos del sol para favorecer una mejor visión y otear el panorama. Este acto indica resguardo o suspicacia. Quien mira de ese modo se ha puesto en guardia, se encuentra vigilante o amenazante.

Soberbia, confrontación. Elevar el mentón es una señal de orgullo. Mantener el mentón elevado representa una actitud arrogante y es una señal del carisma dominante. Su objetivo es intimidatorio. En su punto de mayor elevación se vuelve un acto de desafío y confrontación.

Intimidación. Las manos apoyadas sobre el escritorio y el tronco inclinado hacia adelante ampliando la imagen del torso es una postura intimidatoria que manifiesta clara oposición. La mirada dura señala una actitud hostil. Representa el estilo dominante-agresivo en los juegos de poder.

Desprecio. Señalar con el pulgar representa una actitud desdeñosa, pues es muy utilizado en situaciones de hostilidad. Muchas personas realizan este gesto inconscientemente en contextos cotidianos de conversación. Señalar con la palma abierta, en cambio, proyecta una imagen empática.

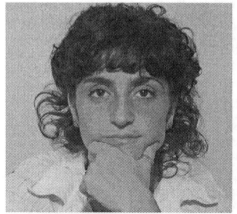

Evaluación. La frotación del mentón constituye un gesto típico de evaluación neutra u objetiva. Enmarcar el mentón con el índice y pulgar de manera tensa, y una ceja levemente elevada señala una predisposición evaluativa un tanto escéptica. Exhibir el dorso de la mano señala seguridad y distancia.

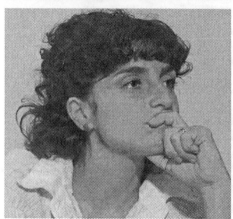

Evaluación crítica. Presionar los labios horizontalmente con el dedo índice, mientras el mentón se apoya en el pulgar, revela una evaluación negativa sobre lo que se presencia. El canto de la mano apuntando hacia el frente indica competitividad. Tiene una connotación de reserva u oposición.

Oposición. Cuando el mentón se apoya en el pulgar, y el canto de la mano apunta hacia el frente, señala rivalidad. Si se sostiene un bolígrafo, el sentimiento crítico es fuerte. Esta postura se observa entre los alumnos que no están de acuerdo con lo que propone el docente.

Autocomplacencia. Ambas manos tomadas detrás de la nuca señalan satisfacción, tranquilidad, confianza. Indica gran seguridad, certeza en el propio conocimiento o el deseo de mostrar dicha seguridad aunque objetivamente no se la posea. También puede ser señal de egocentrismo.

Asertividad. En todas partes del mundo, en cualquier área de la vida social, las personas proactivas, exitosas, posan para los fotógrafos con el rostro sobre el puño. El puño sugiere confianza, fuerza y poder. De acuerdo con la expresión del rostro, esta pose puede tener matices más dominantes o más afiliativos.

Proactividad, carisma dominante, hostilidad. El gesto de envolver un puño con la palma de la otra mano, ilustra el deseo de pasar de la palabra a la acción constructiva si la expresión facial es amigable. Si es dominante, expresa arrogancia o rechazo. La tensión se manifiesta también en la flexión de la muñeca.

181

Expectativa. Tomarse las manos con fuerza sin cruzar los dedos señala que se espera con interés un resultado. La expresión facial informa si el estado emocional es de ansiedad o entusiasmo, o si incluye algún matiz cognitivo de astucia. El frotamiento de las palmas denota la esperanza de obtener una ganancia.

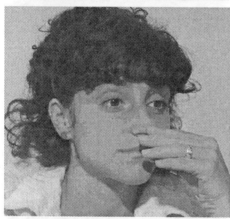

Molestia, desaprobación, ocultamiento. Las formas de tocarse la nariz tienen significados diferentes. Cuando la mano cruza por delante de la boca y toca la punta de la nariz, puede indicar que lo que la persona acaba de decir contiene información de algún modo inexacta.

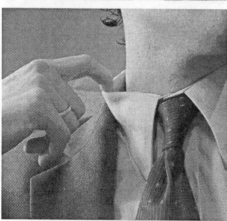

Bochorno. Separar con el dedo el cuello de la camisa tiene por objeto liberarse de un súbito aumento de la temperatura corporal, ya que se está experimentando un pico de tensión emocional. Suele ocurrir cuando alguien siente que se está poniendo al descubierto una situación que intentaba ocultar.

Sonrisas encubridoras de hostilidad. El labio superior que se eleva de un lado y hace visible el diente canino es un gesto de rechazo. Representa la actitud de ponerse en guardia. Cuando se enmascara con una sonrisa, señala sentimientos agresivos encubiertos o un estilo dominante.

Sonrisas de autosatisfacción. Cuando las personas se sienten satisfechas consigo mismas sonríen con las comisuras de los labios apenas elevadas. Son sonrisas leves pero intensas y ligeramente asimétricas. Suelen ir acompañadas de una mirada atenta y con brillo, pero que al mismo tiempo transmite calma.

Sonrisas de asertividad. Algunas sonrisas leves señalan autoconfianza y pueden presentar un destello de desafío, dado que la asertividad tiene un matiz de liderazgo y autoridad. Expresan convicción, voluntad de superación y proactividad. Pueden manifestarse incluso ante la dificultad o la tristeza.

Sonrisas de superioridad. Demasiada elevación asimétrica transforma la señal de autoestima en una de superioridad, característica del carisma dominante. Pueden realizarse con los labios en contacto o separados. El grado de asimetría aumenta con la intensidad del orgullo, y puede evidenciar arrogancia.

Sonrisas de apaciguamiento. Se exhiben sólo los dientes superiores, pues los inferiores, que se descubren cuando existen intenciones agresivas, quedan ocultos. Son utilizadas para prevenir conflictos. También pueden señalar cierto retraimiento o timidez.

Sonrisas afiliativas. Este tipo de sonrisa reproduce voluntariamente los rasgos característicos de la sonrisa de alegría y disfrute, pero de forma atenuada. Indica una predisposición positiva para el buen trato, para escuchar atentamente y entender el punto de vista del otro.

BIBLIOGRAFÍA

Alcalá, María Dolores y Castani, Bernat: *El lenguaje del cuerpo y su conocimiento.* Ed. Obelisco, Barcelona, 2000.

Axtell, Roger: *The do's and taboos of body language around the world,* John Wiley & Sons, New York, 1998.

Bateson, Gregory: *Espíritu y naturaleza.* Amorrortu Editores, Buenos Aires, 1981.

Berne, Eric: *Juegos en que participamos.* Ed. Diana, México, 1986.

——: *¿Qué dice usted después de decir hola?* Ed. Grijalbo, Barcelona, 1974.

Birdwhistell, R.: *El lenguaje de la expresión corporal.* Ed. Gustavo Gili, Barcelona, 1979.

Buck, R.: *The communication of emotion.* Guilford, New York, 1984.

Bühler, Karl: *Teoría de la expresión. El sistema explicado por su historia.* Alianza Editorial, Madrid, 1980.

Campbell, Joseph: *El héroe de las mil caras.* FCE, México, 1997.

Career Management Program: *Assertiveness: Just what does the term mean?,* Johns Hopkins University, Baltimore, 2004.http://hrnt.jhu.edu/cmp/webPDFs/Assertiveness.pdf

Castoriadis, Cornelius: *La institución imaginaria de la sociedad.* Tusquets, Barcelona, 1993.

Chapplin, Phillips y Brown: "Dar la mano. Género, personalidad y primeras impresiones" (1996), en *Journal of Personality and Social Psychology,* American Psychological Association, Universidad de Alabama Vol. 19, N° 4, julio 2000.

Cooper, Ken: *Comunicación no verbal para ejecutivos*. Editorial Interamericana, México, 1982.

Darwin, Charles: *La expresión de las emociones en el hombre y los animales*. Alianza Editorial, Madrid, 1984.

——: *The expression of the emotions in man and animals*, versión electrónica de la edición de 1872, D. Appleton and Co., New York 28/11/2001. htpp://paradigm.soci.brocku.ca/-lward/Darwin/darwin_1872_00.html

Davis, Flora: *El lenguaje de los gestos*. Emecé Editores, Buenos Aires, 1975.

Dimitrius, Jo Ellan y Mazzarella, Mark: *A primera vista. Un método práctico para leer a la gente*. Ed. Urano, Barcelona, 1999.

Efron, David: *Gesto, raza y cultura*. Ediciones Nueva Visión, Buenos Aires, 1970.

Ekman, Paul: "Universals and cultural differences in facial expressions of emotion", en *Nebraska Simposium of Motivation*. University of Nebraska Press, Lincoln, Vol. 19, 1972.

——: (Ed.): *Emotion in the human face*. Cambridge University Press, Cambridge, 1982.

——: "Facial expression and emotion", en *American Psychologist*, Vol. 48, Nº 4, abril 1993.

——: "Should we call it expression or communication", en Segal, N., Weisfeld, G. E. y Weisfeld, C.C. (Eds.): *Writing Psychology and Biology: Interactive Perspectives on Human Development*, American Psychological Association, Washington, DC, 1997.

——: "Basic emotions", en T. Dalgleish y M. Power (Eds.): *Handbook of cognition and emotion*. John Wiley & Sons, Ltd., Sussex, 1999.

——, O'Sullivan, M., & Matsumoto, D.: "Contradictions in the study on contempt: What's it all about? Reply to Russell", en *Motivation and Emotion*, 15, (4,) 1991.

—— y Friesen, Wallace: "Origen, uso y codificación: bases para cinco categorías de conducta no-verbal". En Verón, E., y otros: *Lenguaje y comunicación social*, Nueva Visión, Buenos Aires, 1969.

—— y Rosenberg, Erika: *What the face reveals. Basic an applied studies of spontaneus expression using the FACS*. Oxford University Press Inc., New York, 1997

——: *Cómo detectar mentiras*. Ediciones Altaya, Barcelona, 1995.

Fast, Julius: *El lenguaje del cuerpo*. Ed. Kairós-Troquel, Buenos Aires, 1990.

Geertz, Clifford: *La interpretación de las culturas*, Ed. Gedisa, Buenos Aires, 1995.

Ginzburg, Carlo: "Morelli, Freud y Sherlock Holmes: indicio y método científico", en Umberto Eco y Thomas A. Sebeok: *El signo de los tres. Dupin, Holmes, Peirce*. Lumen, Barcelona, 1989.

Goffman, Erving: *La presentación de la persona en la vida cotidiana.* Amorrortu, Buenos Aires, 1994.

Goleman, Daniel: *La inteligencia emocional.* Vergara Editores, Buenos Aires, 2000.

Hall, Edward T.: *El lenguaje silencioso.* Alianza Editorial, Madrid, 1989.

———: *La dimensión oculta.* Siglo XXI Editores, México, 1972.

———: *Beyond culture.* Anchor Books (Random House Inc.), New York, 1981.

Hall, Judith y otros: "Who to whom and why - cultural differences and similarities in the function of smiles. NVC Lab", University of Quebec at Montreal, en Millicient, Abel (Ed): *The smile: Forms, functions and consequences.* The Edwin Mellen Press, New York, 2004.

Hess, Ursula, Blairy, S. y Kleck, R.: "The influence of facial emotion displays, gender and ethnicity on judgements of dominance and affiliation", en *Journal of Nonverbal Behaviour* 24 (4), invierno 2000.

Heyman, S.: "The influence of cultural individualism-collectivism, self construals, and individual values on communication styles across cultures", en: *Human Communication Research*, 22 (4), 1996.

Hillman, Ralph: *Delivering dynamic presentations. Using your voice and body for impact.* Allyn and Bacon, Boston, 1999.

Jakobson, Roman: "La lingüística y la teoría de la comunicación", en *Ensayos de Lingüística General.* Planeta Agostini, Barcelona, 1985.

James, William: *Principios de psicología.* FCE, México, 1989.

Jagot, Paul C.: *El dominio de sí mismo.* Editorial Tor, Buenos Aires, 1957.

Kemper, T. D.: *A social interactional theory of emotions.* Wiley, New York, 1978.

Kitayama, S., Markus, H. R., & Matsumoto, D.: "Culture, self, and emotion: A cultural perspective on 'self-conscious' emotions", en J. P. Tangney, & K. W. Fischer (Eds.): *Self-conscious emotions: The psychology of shame, guilt, embarrassment, and pride.* Guilford Press, New York, 1995.

Knapp, Mark L.: *La comunicación no-verbal. El cuerpo y el entorno.* Paidós Editores, México, 1997.

Lewis, David: *El lenguaje secreto del niño.* Ediciones Martínez Roca, Barcelona, 1980.

Lorenz, Konrad: *La otra cara del espejo.* Plaza & Janes Editores, Barcelona, 1985.

Mandler, G.: *Mind and body: Psychology of emotion and stress.* W. W. Norton, New York, 1984.

Mast, M. S., Hall, J., Murphy, N. y Colvin, C. R.: (2003) "Judging assetiveness", en *Facta Universitatis*, Series: Philosophy, Sociology and Psichology, Vol. 2, Nº 10, 2003.

Matsumoto, D.: "The role of facial response in the experience of emotion: More methodological problems and a meta-analysis", en *Journal of Personality and Social Psychology*, 52 (4), 769-774, 1987.

——: "Cultural influences on the perception of emotion", en *Journal of Cross-Cultural Psychology*, 20 (1), 92-105, Tilburg, 1989.

——: "Cultural similarities and differences in display rules", en *Motivation and Emotion*, 14 (3), 195-214, 1990.

——: "American and Japanese cultural differences in the recognition of universal facial expressions", en *Journal of Cross-Cultural Psychology*, 23 (1), 72-84, 1992.

——: "More evidence for the universality of a contempt expression", en *Motivation and Emotion*, 16 (4), 363-368, 1992.

——: "Ethnic differences in affect intensity, emotion judgments, display rule attitudes, and self-reported emotional expression in an American sample", en *Motivation and Emotion*, 17 (2), 107-123, 1993.

——: "Cross-cultural psychology in the 21st century" (2001), en Jane S. Halonen & Stephen F. Davis, James (Eds.): *The many faces of psychological research in the 21st century*. Madison University, Emporia State University, publicado en internet por Society for the Teaching of Psychology. (http://teachpsych.lemoyne.edu/teachpsych/faces/text/ch05.htm).

—— y Ekman P.: "The relationship among expressions, labels, and descriptions of contempt", en *Journal of Personality and Social Psychology*, Vol. 87, Nº 4, 2004.

Mehrabian, Albert: *Silent messages*. Wadsworth, Belmont, 1972.

Morin, Edgard: *Introducción al pensamiento complejo*. Gedisa, Barcelona, 1995.

Morris, Desmond: *El hombre al desnudo. Un estudio objetivo del comportamiento humano*. Círculo de Lectores, Barcelona, 1980.

Pease, Alan: *El lenguaje del cuerpo*. Ed. Planeta, Buenos Aires, 1986.

Pacori, Marco: *La interpretación de los mensajes corporales*. Ed. De Vecchi, Barcelona, 1999.

Rebel, Günther: *El lenguaje corporal. Lo que expresan las actitudes, las posturas, los gestos, y su interpretación*. Edaf, Madrid, 2000.

Schmidt, Karen y Cohn, Jeffrey: "Human facial expressions as adaptations: evolutionary questions in facial expression research", en *Yearbook of Physical Anthropology*, New York, 2001.

Stein N. L. y Trabasso T.: The organization of emotional experience: creating links among emotion, thinking and intentional action. *Journal of Cognition and Emotion*, 6, 225-244, Sussex, U.K., 1992.

Tracy, Jessica y Robins, Richard: "Putting the self into self-conscious emotions: a theoretical model", en *Psychological Inquiry*, Vol. 15, N° 2, Omaha, 2004.

——: "Does pride have a recognizable expression?" *Annals*, New York Academy of Sciences, 2003.

Turner, Victor: *La selva de los símbolos*. Siglo XXI, Buenos Aires, 1984.

Wainwirght, Gordon: *El lenguaje del cuerpo*. Red Editorial Iberoamericana, Santiago de Chile, 1988.

Watzlawick, P., Bavelas, J. y Jackson, J.: *Teoría de la comunicación humana. Interacciones, patologías y paradojas*. Editorial Herder, Barcelona, 1997.

Woolfson, Richard: *El lenguaje corporal de tu hijo*. Editorial Paidós, Barcelona, 1996.

Zilio, Giovanni M.: *El lenguaje de los gestos en el Río de la Plata*. Universidad de Humanidades, Montevideo, 1961.

Este libro se terminó de imprimir en febrero de 2008
en Primera Clase Impresores, California 1231, Buenos Aires.